WORKBOOK
LABORATORY MANUAL
VIDEO MANUAL

¡Hola, amigos!

FIFTH EDITION

Ana C. Jarvis

Chandler-Gilbert Community College

Raquel Lebredo

California Baptist University

Houghton Mifflin Company   Boston   New York

Director, World Languages: New Media and Modern Language Publishing   Beth Kramer
Sponsoring Editor   Amy Baron
Senior Development Editor   Sandra Guadano
Editorial Associate   Melissa Foley
Project Editor   Harriet C. Dishman/Elm Street Publications
Manufacturing Manager   Florence Cadran
Marketing Manager   Tina Crowley Desprez

Printed in the U.S.A.

ISBN: 0-618-01186-2

1 2 3 4 5 6 7 8 9–B+B–04 03 02 01 00

Contents

Video Activities

Answer Keys

To the Instructor

The *Workbook / Laboratory Manual / Video Manual* is a fully integrated component of *¡Hola, amigos!*, Fifth Edition, a complete introductory Spanish program for the college level. As in previous editions, the Workbook and Laboratory Manual sections reinforce the grammar and vocabulary presented in the *¡Hola, amigos!* core text and help students to develop their listening, speaking, reading, and writing skills. The Video Manual, to be used in conjunction with the new *¡Hola, amigos! Video*, expands upon the cultural information in the textbook to develop students' listening skills and cultural awareness.

The organization of the *Workbook / Laboratory Manual / Video Manual* is correlated to the student text. The Workbook and Laboratory Manual sections provide activities for the preliminary lesson and for the fifteen regular textbook lessons. The Video Manual contains a video activity section for each of the fifteen video lessons. At the beginning of the Laboratory Manual, an *Introduction to Spanish Sounds* is recorded on the lab audio program, which assists students in forming the initial connection between sounds and letters that they will need to learn in order to pronounce Spanish correctly.

New to the Fifth Edition

- New activities have been added to the Workbook, including realia-based comprehension activities and writing. In addition, writing tips or strategies are provided to promote development of writing skills.
- Workbook and Laboratory Manual activities have been revised to reflect changes in the textbook.
- New pronunciation exercises in the audio program offer additional practice of the sounds featured in the textbook lessons, as well as general pronunciation and intonation practice.
- All new activities in the Video Manual, tied to the new *¡Hola, amigos! Video*, provide pre- and post-viewing and expansion activities for each video lesson.

Workbook Activities

The Workbook Activities are designed to reinforce the grammar and vocabulary introduced in the textbook and to develop students' writing skills. They include sentence completion exercises, fill-in charts, illustration-based exercises, dehydrated sentences, translation exercises, and crossword puzzles.

Each Workbook lesson features a section entitled *Para leer*, consisting of a reading that re-enters the vocabulary and grammar of the textbook lesson and follow-up questions to test reading comprehension. Each lesson concludes with *Para escribir*, which presents a writing topic related to the theme of the textbook lesson and writing tips or strategies to help develop writing skills. An Answer Key to all written exercises is provided to enable students to monitor their progress throughout the program.

Laboratory Activities

The Laboratory Activities accompany the audio program of *¡Hola, amigos!*, Fifth Edition, which provides approximately thirty to forty minutes per lesson of taped exercises recorded by native speakers. The audio program is available on cassettes or audio CDs. The Laboratory Activities provide listening, speaking, and writing practice for each lesson under the following headings:

¡Hola, amigos!   **v**

Pronunciación: Practice of the sounds presented in each textbook lesson is featured through Lesson 7. Thereafter, general pronunciation and intonation practice is provided. Words, phrases, and sentences using vocabulary from the textbook lessons are read with pauses for student repetition.

Diálogos / Preguntas y respuestas: The dialogues from the textbook are read first without pauses and then with pauses for student repetition. The dialogues are followed by questions, printed in the Laboratory Activities pages, that verify comprehension and provide oral practice.

Puntos para recordar: A set of three to five exercises provide listening and speaking practice and test mastery of the grammar topics introduced in each lesson. Models for these exercises are printed in the Laboratory Activities pages.

Díganos: Questions related to students' own lives reinforce the lesson theme and provide additional listening and speaking.

Ejercicios de comprensión: A multiple-choice, illustration-based listening comprehension exercise that draws on the topics and vocabulary covered in each lesson is followed by an exercise consisting of a series of statements that students must confirm or refute based on their understanding of key vocabulary and ideas from the lesson.

Para escuchar y escribir: A dictation topically and structurally connected to the textbook lesson concludes each lab session. Dictations are printed in the Answer Key at the end of the *Workbook / Laboratory Manual / Video Manual* for easy self-correction.

Video Activities

The *¡Hola, amigos! Video* is designed to develop listening skills and expand students' cultural knowledge and appreciation of the Hispanic world. The fifteen three- to four-minute video lessons feature footage of locations presented in the *Notas culturales* (even-numbered lessons) and interview segments (odd-numbered lessons) coordinated with lesson themes and functions. The accompanying Video Activities may be used in or out of class. The three sections—*Preparación* (pre-viewing), *Comprensión* (post-viewing), and *Ampliación* (post-viewing expansion)—include a variety of activities to exploit the video footage and facilitate students' understanding of the video. An answer key is provided at the back of the *Workbook / Lab Manual / Video Manual*.
The following strategies are helpful for using the Video Activities to best advantage:

- Tell students not to worry about understanding every word as they watch the video, but to focus on getting the gist of what is being said. Emphasize that attention to the visual images and nonverbal communication will help students to understand what is going on in the video clips.

- View the video clips as many times as necessary for student comprehension. Use the pause button to freeze an image while you ask a question to verify comprehension or comment on the image.

- Point out locations shown in the video on maps to increase students' familiarity with the geography of the Hispanic world.

The Workbook / Laboratory Manual / Video Manual is an important part of the *¡Hola, amigos!*, Fifth Edition, program. Students who use it consistently will find the *Workbook / Laboratory Manual / Video Manual*, the audio program, and the video of great assistance in forming the associations of sound, syntax, and meaning needed for effective communication in Spanish and for meaningful cultural understanding.

We would like to hear your comments on *¡Hola, amigos!*, Fifth Edition, and on this *Workbook / Laboratory Manual / Video Manual*. Reports of your experiences using this program would be of great interest and value to us. Please write to us care of Houghton Mifflin Company, Modern Languages, College Division, 222 Berkeley Street, Boston, Massachusetts 02116-3764.

Ana C. Jarvis

Raquel Lebredo

To the Student

This combined *Workbook / Laboratory Manual / Video Manual* for *¡Hola, amigos!*, Fifth Edition, is designed to reinforce the new material presented in each textbook lesson and provide practice in the skills you will need to acquire to communicate effectively in Spanish.

To use this important component of the *¡Hola, amigos!* program to best advantage, it is important that you understand its organization. The Workbook and Laboratory Manual sections provide activities for the preliminary lesson and for the fifteen regular textbook lessons. The Laboratory Manual begins with an *Introduction to Spanish Sounds* that will teach you the sound system of the Spanish language and help you to associate these sounds with the letters that represent them. The Video Manual contains a video activity section for each of the fifteen video lessons.

Workbook Activities

The Workbook Activities will help to develop your reading and writing skills by providing practice in using the structures and vocabulary from the textbook. The activities range from fill-ins and sentence completion to more complex tasks such as writing original sentences and translating. A crossword puzzle in each lesson, with clues in Spanish, offers a vocabulary control check and an opportunity to test your spelling abilities. Each Workbook lesson includes a reading in which key lesson vocabulary and structures reappear in a new context, followed by questions to check comprehension. Each lesson concludes with *Para escribir,* which presents a writing topic related to the theme of the textbook lesson and writing tips or strategies to help you develop your writing skills. Answers to all Workbook Activities are provided in the Answer Key at the back of the *Workbook / Laboratory Manual / Video Manual* so that you can monitor your own progress.

Laboratory Activities

The Laboratory Activities, intended for use with the audio program for the Fifth Edition of *¡Hola, amigos!*, emphasize listening and speaking skills. The following sections are included for each textbook lesson:

Pronunciación: Words, phrases, and sentences that practice particular sounds or general pronunciation and intonation are read with pauses for you to repeat what you hear.

Diálogos: The dialogues from the textbook lesson are read, once at normal speed, then with pauses. During the first reading, you should listen carefully to the speakers' pronunciation and to the rise and fall of the pitch in their voices. The paused version offers you the opportunity to practice speaking the lines until you can imitate the speakers well.

Preguntas y respuestas: These listening comprehension questions will help you to verify your understanding of the dialogues. Check your responses carefully against those provided on the tape.

Puntos para recordar: These exercises provide listening and speaking practice and test your mastery of the grammar topics presented in each lesson. A model for each exercise in this section is read on the cassette or CD and printed in the Laboratory Activities pages to guide you in your responses. The correct response to each item is provided on the cassette or CD.

Díganos: "Real-life" questions related to the lesson theme provide additional listening and speaking practice.

Ejercicios de comprensión: These listening comprehension exercises check your ability to apply the Spanish you are learning to new situations. First, you will hear three descriptions for each illustration in the Laboratory Activities pages, and will circle the letter that corresponds to the correct description. Answers to each of the items are provided on the tape. In the second exercise, you must confirm whether each of a series of sentences is logical or illogical.

Para escuchar y escribir: A dictation concludes the Laboratory Activities for each lesson so you can check your ability to reproduce in writing what you hear on the cassette or CD. All of the dictations are printed in the Answer Key at the back of the *Workbook / Laboratory Manual / Video Manual* for you to check your work.

Consistent use of the Laboratory Activities for each lesson will help you to develop your listening and speaking skills in Spanish to meet the objectives of the *¡Hola, amigos!* program. By the end of the course, you should be able to understand the essence of a conversation on topics covered by the textbook by native speakers of Spanish conversing at normal speed. You should also be able to make yourself understood to native speakers used to dealing with foreigners when you converse on these topics, using the vocabulary and structures you have learned.

Try to complete all of the Workbook and Laboratory activities for each lesson. As you become more familiar with the program, you will find them helpful in assessing your achievements and in targeting the specific lesson features that require extra review. Learning a foreign language is a gradual process that requires a consistent, steady commitment of time. Completing the activities will help you to use your time productively by determining which material you have already mastered and which requires additional study.

Video Activities

These activities are designed for use with the fifteen lessons of the *¡Hola, amigos!* *Video*, which provides a unique opportunity to develop your listening skills and cultural awareness through footage of Hispanic countries and interviews with Hispanics about everyday life and lifestyles. Your instructor may have you view the video and do the activities in class, or assign you to view the video and complete all or part of the activities in the language lab. When viewing the video, remember that you do not have to understand every word; the activities are designed to give you support so that you can understand the main ideas. Attention to the visual images and nonverbal communication while viewing also will help you to understand the video. An Answer Key for the Video Activities is located at the back of this manual.

We would like to hear your comments on *¡Hola, amigos!*, Fifth Edition, and on this *Workbook / Laboratory Manual / Video Manual*. Reports of your experiences using this program would be of great interest and value to us. Please write to us care of Houghton Mifflin Company, Modern Languages, College Division, 222 Berkeley Street, Boston, Massachusetts 02116-3764.

Ana C. Jarvis

Raquel Lebredo

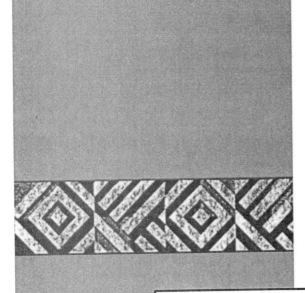

WORKBOOK ACTIVITIES

Workbook Activities

A. Complete the following series with the appropriate days of the week.

1. domingo, lunes, ___martes___

2. miércoles, ___jueves___ , ___viernes___

3. ___viernes___ , ___sábado___ , domingo

4. ___lunes___ , martes, ___miercoles___

5. sábado, ___domingo___ , ___lunes___

B. Fill in the days of the week. Then, use the information below to fill in, in Spanish, Carolina's class schedule for this semester.

Math (*Matemáticas*):	Monday, Wednesday, Friday
Spanish (*Español*):	Monday, Tuesday, Wednesday, Thursday, Friday
Music (*Música*):	Saturday
History (*Historia*):	Tuesday, Thursday
Biology (*Biología*):	Thursday, Friday
Literature (*Literatura*):	Tuesday, Saturday

lunes	martes m				

C. Write the following numbers in Spanish.

1. _____   7. _____

2. _____   8. _____

3. _____   9. _____

4. _____   10. _____

5. _____   11. _____

6. _____

D. Complete the following color chart with the missing words in Spanish or English.

English	Spanish
1. orange	_____
2. _____	azul
3. pink	_____
4. _____	gris
5. red	_____
6. _____	verde
7. yellow	_____
8. _____	negro
9. white	_____
10. _____	marrón (café)
11. purple	_____

E. Write greetings and farewells for the following situations.

1. You greet Eva in the afternoon and ask her how she is.

   _____

2. You greet Teresa in the morning and ask her what's new.

   _____

3. You say hello to Carlos and ask him how it's going.

   _____

4. You say good-bye and good-night to Alicia.

   _____

5. You say "see you tomorrow" to Sandra and ask her to say "hi" to Ana.

   _____

6. You say "see you around" to Ester.

   _____

E. Write polite expressions for the following situations.

1. Someone knocks on your door. Tell him/her to come in and have a seat.

   _____

2. You don't understand what someone is saying. You ask him/her to speak more slowly. (Be polite!)

   _____

3. You thank someone for a favor.

   _____

4. Someone says "thank you" to you.

   _____

LECCIÓN 1 Workbook Activities

A. Write the corresponding definite and indefinite article before each noun.

Definite Article	Indefinite Article	Noun
1. _____	_____	profesora
2. _____	_____	mujeres
3. _____	_____	lápices
4. _____	_____	hombre
5. _____	_____	doctora
6. _____	_____	manos
7. _____	_____	día
8. _____	_____	mapas
9. _____	_____	lección
10. _____	_____	secretario

B. Complete the following sentences with Spanish subject pronouns.

MODELO: You refer to your teachers as . . .

*You refer to your teachers as **ellos**.*

1. You speak to your best friend and you call him _____ .

2. You refer to María as _____ .

3. You address your teacher as _____ .

4. You refer to your female friends as _____ .

5. You refer to your parents and yourself as _____ .

6. Anita and Teresa refer to themselves as _____ .

7. You refer to Mr. Soto as _____ .

8. You speak to your classmates as a group and call them _____ .

9. When you talk about yourself you say _____ .

10. You refer to your male and female friends as _____ .

C. Complete the following dialogue, using the present indicative of the verb **ser**.

—¿De dónde _____ tú?

—Yo _____ de Bogotá. ¿De dónde _____ Uds.?

—Nosotros _____ de Caracas.

—¿La profesora _____ de Caracas también?

—No, ella _____ de Quito.

—¿Y Pedro y Amanda?

—Ellos _____ de Tegucigalpa.

D. Complete each sentence, using the appropriate adjective from the following list. Add the corresponding article.

norteamericanos	cubana	morados	roja
mexicano	alto	bonitas	inglesas

1. _____ señora es_____ .

2. _____ profesor es de Guadalajara; es _____ .

3. _____ chicas son _____ .

4. _____ muchacho es _____ .

5. _____ hombres son _____ .

6. _____ pluma es _____ .

7. _____ mujeres son _____ ; son de Londres (*London*).

8. _____ lápices son _____ .

E. Complete the following sentences, using the appropriate form of the adjectives to describe the people and things mentioned.

1. Los muchachos son _____ y _____ . (trabajador, simpático)

2. La mochila es _____ . (azul)

3. Los estudiantes son _____ . (inteligente)

4. Mi compañera de clase es _____ y _____ . (simpático, bonito)

5. Las chicas son _____ . (español)

6. Marta y Fernando son _____ y _____ . (alto, delgado)

7. La silla es _____ . (nuevo)

8. El libro de español es _____ y _____ . (verde, blanco)

F. Complete the following series by writing the missing number in each blank.

1. diez, _____ , doce, _____ , catorce, _____ ,

    dieciséis, _____ , dieciocho, _____ , veinte,

    veintiuno, veintidós, _____ , veinticuatro, _____ .

2. treinta, _____ , cincuenta, _____ , setenta,

    _____ , noventa, _____ .

G. Write the following in Spanish.

1. 75 books _____

2. 69 students _____

3. 46 men _____

4. 58 women _____

5. 93 chairs _____

6. 32 notebooks _____

H. Complete the following dialogues appropriately.

1. — _____

    —Buenos días, señorita. ¿Cómo está Ud.?

    — _____

    —Bien, gracias.

    — _____

    —Adiós.

2. — _____

    —Me llamo María Luisa Salgado Mena.

    — _____

    —El gusto es mío, señora.

3. — _____

    —Se dice "hasta mañana".

    — _____

    —Quiere decir "*door*".

4. — _____

    —Adela es alta, bonita y simpática.

I.   Name the following items. Be sure to include the definite article.

1. _____   6. _____

2. _____   7. _____

3. _____   8. _____

4. _____   9. _____

5. _____   10. _____

J.   **Crucigrama** (*Crossword Puzzle*)

HORIZONTAL

1. _____ tardes, señora.

5. estudiante (*f.*)

6. _____ mañana, señor.

7. ¿Cómo se _____ Ud.?

9. de México (*f.*)

11. Harvard o Yale

14. ¿Cómo se _____ "*door*" en español?

15. pluma

17. ¿Qué _____ decir "reloj"?

18. capital de Cuba: La _____

VERTICAL

2. No es profesora; es _____ .

3. Es mi _____ de clase (*f.*)

4. *chair*, en español

8. Hay una puerta y dos _____ .

10. Son _____ . David es de California y Robert es de Utah.

12. Julia Roberts es alta y _____.

13. ordenadores

16. chica

K. **¿Qué pasa aquí?** (*What's happening here?*) Look at the illustration and answer the following questions.

1. ¿Quién (*Who*) es la profesora?

   _____

2. ¿De dónde es la profesora?

   _____

3. ¿Cuántos estudiantes hay en la clase?

   _____

4. ¿La clase es por la mañana, por la tarde o por la noche?

   _____

5. ¿Lupe es de Cuba?

   _____

6. ¿John es mexicano?

   _____

7. ¿Qué día es hoy?

   _____

8. ¿Cuántas ventanas hay en la clase?

   _____

Para leer

Read the following descriptions, and then answer the questions.

La doctora Irene Santillana es de Madrid. Es profesora en una universidad en Buenos Aires. Es inteligente y muy simpática.

La señorita María Inés de la Cruz es mexicana. Es de Puebla. Es estudiante de medicina.

El señor José Armando Vidal es de La Habana. Es estudiante en una universidad en Miami. Es alto, delgado y guapo.

¡Conteste!

1. ¿Quién (*Who*) es de Madrid?

   _____

2. ¿Es estudiante?

   _____

3. ¿Cómo es?

   _____

4. ¿María Inés es cubana o mexicana?

   _____

5. ¿De qué ciudad (*city*) es María Inés?

   _____

6. ¿Quién es cubano?

   _____

7. ¿De qué ciudad es?

   _____

8. ¿José Armando Vidal es profesor?

   _____

9. ¿Cómo es el señor Vidal?

   _____

▣ Para escribir

Brainstorming is a useful technique when beginning many writing assignments. It allows you to generate words or ideas you associate with a topic. For example, think of and write as many adjectives as you can that you know in Spanish. Think in Spanish! Refer to your textbook if needed.

Now, underline all the adjectives that apply to you and use them with the verb **ser** to write a brief description of yourself. As a final step, check for correct agreement of adjectives.

_____

_____

_____

_____

_____

_____

LECCIÓN 2 Workbook Activities

A. Rewrite the following sentences, beginning with the new subject.

1. Ellos conversan con el profesor.

   Nosotros _____

2. Yo estudio química.

   Ella _____

3. Nosotros hablamos español.

   Tú _____

4. Uds. necesitan el horario de clases.

   Ud. _____

5. Elena toma matemáticas.

   Yo _____

6. ¿Dónde trabajan ellos?

   ¿ _____ él?

7. La clase termina a las dos.

   Tú y yo _____

8. Yo deseo un vaso de leche.

   Él y ella _____

B. Complete the chart below with the missing sentence forms in the affirmative, interrogative, or negative

Affirmative	Interrogative	Negative
1. Él habla español.		
2.		Eva no es profesora.
3.	¿Desean leche?	
4.		Ana no necesita el horario.
5. Tito es estudiante.		
6. Luis trabaja hoy.		
7.	¿Estudiamos sociología?	
8.		Nora no es cubana.

C. Use the information provided to say who drinks what and why. Follow the model.

MODELO: yo: jugo de manzanas / no jugo de uvas

Yo tomo jugo de manzanas porque no deseo tomar jugo de uvas.

1. Elsa: jugo de naranja / no jugo de tomate

_____

2. nosotros: una taza de té / no café

_____

3. ellos: un vaso de leche / no té helado

_____

4. tú: una copa de vino blanco / no vino tinto

_____

5. Ud.: una botella de agua mineral / no cerveza

_____

D. Complete the following sentences with the Spanish equivalent of the words in parentheses.

1. Ellos necesitan _____ libros. (*my*)

2. Necesitamos _____ horario de clases, señorita. (*your*)

3. _____ profesora es de Quito. (*Our*)

4. Él termina _____ clases a las cuatro. (*his*)

5. Ellas conversan con _____ profesor. (*their*)

6. Ella trabaja con _____ amiga. (*my*)

7. _____ idioma es el inglés. (*her*)

8. Necesitamos _____ cuadernos. (*our*)

9. Necesito _____ número de teléfono. (*their*)

10. Ella estudia con _____ amigos. (*her*)

E. Answer the following questions in the affirmative.

1. ¿Tú necesitas hablar con tus compañeros de clase?

   _____

2. ¿Uds. desean estudiar en su casa (*house*)?

   _____

3. ¿El profesor necesita tu cuaderno?

   _____

4. ¿Uds. estudian con sus compañeros de cuarto?

   _____

5. ¿Las profesoras de Uds. son de Madrid?

   _____

6. ¿Yo necesito hablar con mis profesores hoy?

   _____

7. ¿La profesora habla con sus estudiantes?

   _____

8. ¿Yo necesito hablar con mis estudiantes hoy? (*Use **Ud.** form*)

   _____

F. Write **el, la, los,** or **las** before each noun.

1. _____ problemas
2. _____ libertad
3. _____ identificación
4. _____ vaso
5. _____ tardes
6. _____ música
7. _____ unidad
8. _____ francés
9. _____ horarios
10. _____ sistema
11. _____ conversación
12. _____ café
13. _____ telegramas
14. _____ universidades
15. _____ clima

G. What time is each of the following classes? Start each sentence with **La clase de . . .**

9:30 AM 1. Física   1:20 PM 2. Biología   7:45 PM 3. Historia   8:10 PM 4. Inglés   3:15 PM 5. Química   11:00 AM 6. Informática

1. _____
_____

2. _____
_____

3. _____
_____

4. _____
_____

5. _____
_____

6. _____
_____

H. Write these dates in Spanish, following the model.

MODELO: July fourth

Hoy es el cuatro de julio.

1. March first _____

2. January fifteenth _____

3. November thirtieth _____

4. June twentieth _____

5. December fourteenth _____

6. August tenth _____

7. February eleventh _____

8. April twenty-fifth _____

I. Write the name of the season that corresponds to the following months.

1. septiembre, octubre, noviembre _____

2. marzo, abril, mayo _____

3. diciembre, enero, febrero _____

4. junio, julio, agosto _____

J. Crucigrama

HORIZONTAL

3. Necesito el _____ de clases.

6. La clase _____ a las ocho.

9. materia

11. Terminamos a las ocho de la _____ .

12. Toman café con _____ .

13. Deseo un _____ de agua.

15. ¡Ya es _____ ! ¡Me voy!

16. En México hablan _____ .

17. ¿_____ trabaja Ud.? ¿En la universidad?

18. Deseamos una _____ de vino tinto.

19. Estudiamos álgebra en la clase de _____ .

21. En Wáshington hablan _____ .

22. Yo no tomo _____ de naranja.

VERTICAL

1. té helado; té _____ .

2. hablar

4. Trabaja en el _____ de lenguas.

5. Desean una _____ de agua mineral.

7. *Coors* es una _____ .

8. Los estudiantes estudian en la _____ .

10. Ellos desean una _____ de café.

14. Nosotros _____ una clase de historia.

20. Deseamos agua con _____ .

¡Atención! Accents are often omitted from capital letters in Spanish. When completing the crossword puzzles in the workbook, omit the accents.

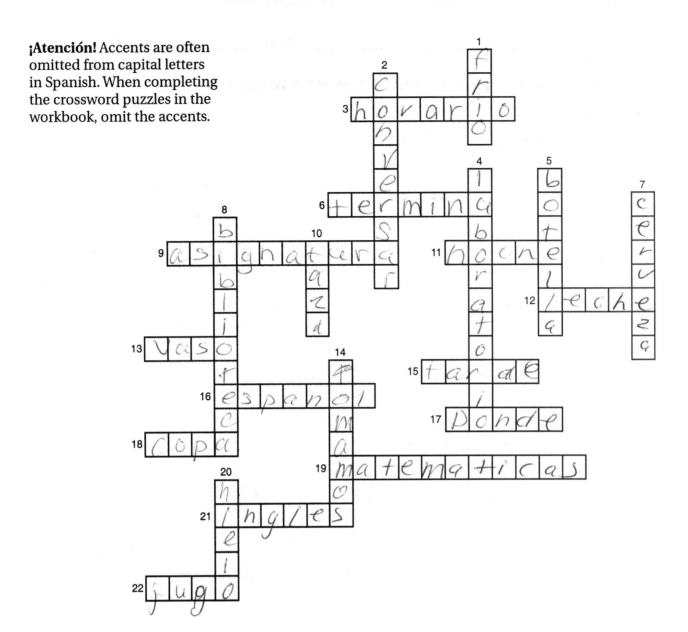

Para leer

Read the following story, and then answer the questions.

Roberto y Ana estudian en la Universidad de California en San Diego. Roberto toma muchas asignaturas este semestre: química, historia, inglés, biología, sociología y literatura. Ana toma tres clases: física, administración de empresas y psicología. Roberto no trabaja. Ana trabaja en el laboratorio de lenguas y en la biblioteca.

Ana y Roberto conversan en la cafetería. Ana toma un vaso de leche y Roberto toma una taza de café.

¡Conteste!

1. ¿Ana y Roberto estudian en Venezuela?

   _____

2. ¿Dónde trabaja Roberto este semestre?

   _____

3. ¿Qué materias toma Roberto?

   _____

4. ¿Cuántas clases toma Ana?

   _____

5. ¿Qué clases toma Ana?

   _____

6. ¿Quién toma literatura este semestre?

   _____

7. ¿Dónde conversan Ana y Roberto?

   _____

8. ¿Quién toma café y quién toma leche?

   _____

9. En su opinión (*In your opinion*), ¿por qué no trabaja Roberto este semestre?

   _____

10. En su opinión, ¿por qué toma Ana solamente (*only*) tres clases este semestre?

    _____

▣ Para escribir

Listing is another way of brainstorming to help you prepare for writing and organizing your thoughts. Before writing, list some of your activities using the Spanish you know. Add one or two of your easier and more difficult classes. Think of your studies, work, and one or two things you do with friends.

Then, write a brief description of your activities. Also tell what classes you are taking and at what time. Say which ones are easy and which ones are difficult.

_____

_____

_____

_____

_____

_____

_____

_____

_____

_____

LECCIÓN 3 Workbook Activities

A. Complete the following exchanges, using appropriate -er and -ir verbs.

1. —¿Uds. _____ en la residencia universitaria?

   —No, _____ en un apartamento.

2. —¿Dónde _____ tú?

   —Yo _____ en la cafetería.

   —¿Deseas una taza de café?

   —No, gracias. Yo no _____ café.

3. —¿Ud. _____ muchos mensajes electrónicos?

   —Sí, _____ nueve o diez todos los días.

4. —¿Dónde _____ María y Pedro?

   —Ellos _____ en el parque.

5. —¿Qué _____ estudiar Elsa hoy?

   —_____ estudiar la Lección 3.

B. Complete the following sentences, using the Spanish equivalent of the words in parentheses.

1. Ellos hablan con _____ .

   (*Alberto's girlfriend*)

2. Teresa vive en _____ .

   (*María's apartment*)

3. Ana es _____ .

   (*Mrs. Vega's secretary*)

4. Yo necesito _____ .

   (*Roberto's printer*)

5. ¿Cuál es _____ ?

   (*the students' language*)

6. ¿Quién es _____ ?

   (*Raúl's professor*)

C. Answer the following questions, using the cues provided.

1. ¿A qué hora vienes hoy?   (a las ocho)

   _____

2. ¿Qué clases tienes por la mañana?   (física y química)

   _____

3. ¿Cuántos profesores tienen Uds.?   (cuatro)

   _____

4. ¿Con quién vienen Uds.?   (con la señorita Ortiz)

   _____

5. ¿Cuántos libros tiene Teresa?   (veinte)

   _____

6. ¿Yo tengo tu libro?   (no)

   _____

7. ¿Roberto viene a la universidad los sábados?   (sí)

   _____

8. ¿Ana y Luis tienen clases los viernes?   (no)

   _____

D. Say what these people *have to do*, according to the circumstances. Use verbs from the following list.

   hablar   comer   estudiar   escribir   ir

1. Jorge _____ porque tiene examen de geografía mañana.

2. Nosotros _____ a la librería porque necesitamos un libro de química.

3. Tú _____ con la profesora de francés.

4. Yo _____ con una amiga en la cafetería.

5. Ellos _____ muchas cartas (*letters*).

E. These people find themselves in the following situations. Using expressions with **tener**, say how everybody feels (for example, hot, hungry, and so on).

1. You are in Alaska and it is winter.

   Tú _____

2. Ana hasn't slept for two days.

   Ana _____

3. We are late for class.

   Nosotros _____

4. I am in Phoenix, Arizona. It is July.

    Yo _____

5. Carlos hasn't had a bite to eat all day.

    Carlos _____

6. The boys really need something to drink.

    Los muchachos _____

F. Write the following numbers in Spanish.

1. 305 _____

2. 416 _____

3. 527 _____

4. 635 _____

5. 742 _____

6. 856 _____

7. 969 _____

8. 13.178 _____

G. **Crucigrama**

HORIZONTAL

4. Nosotros _____ café.

7. verbo: identificar; nombre: _____

9. California es uno.

10. ¿Tienes _____ ? ¿Deseas comer algo?

12. Como _____ , ella estudia con su novio.

14. ¿Viven en un apartamento o en una _____ ?

16. Recibo muchos mensajes _____ .

18. Ellos _____ sándwiches.

19. ¿Te gusta _____ la red?

21. idioma que hablan en Tokio

23. computadora

25. idioma que hablan en Moscú

26. *screen*, en español

VERTICAL

1. idioma que hablan en Roma

2. idioma que hablan en París

3. Allí compramos libros.

5. ¿Tienes _____ ? ¿Deseas beber algo?

6. Viven en la residencia _____ .

8. Ellos _____ razón.

11. ¿Tienes _____ a la red?

13. *printer*, en español

14. Pago con un _____ .

15. luego

17. Tengo que _____ la información.

18. idioma que hablan en Pekín

20. En Berlín hablan _____ .

22. En Brasil hablan _____ .

24. *mouse*, en español

H. ¿Qué pasa aquí? Look at the illustration and answer the following questions.

1. ¿Dónde trabaja Aurora?

   _____

2. ¿Cuántas horas trabaja?

   _____

3. ¿Con quién come Aurora?

   _____

4. ¿Quién es la novia de Sergio?

   _____

5. ¿Qué tiene que estudiar Daniel hoy?

   _____

6. ¿Estudia por la mañana o por la noche?

   _____

7. ¿Qué bebe Daniel?

   _____

8. ¿Qué bebe Aurora?

   _____

9. ¿A qué hora tiene que correr Tito?

_____

10. ¿Con quién corre Tito?

_____

11. ¿Tiene Olga dinero (*money*)?

_____

12. ¿Qué necesita Olga?

_____

 ## Para leer

Read the following story, and then answer the questions.

Yo soy Michelle Adams y soy norteamericana —de Colorado. Estudio
en la Universidad de Arizona y vivo en la residencia universitaria.

Este semestre tomo francés, física, historia y química. Trabajo en la
biblioteca y estudio con Pedro Morales, un estudiante
latinoamericano. Pedro habla tres idiomas: español, inglés y francés.
Vive en un apartamento cerca de la universidad y trabaja en el
laboratorio de lenguas.

Mañana comemos juntos° en la cafetería.   *together*

¡Conteste!

1. ¿Michelle es norteamericana o argentina?

_____

2. ¿En qué universidad estudia ella?

_____

3. ¿Dónde vive?

_____

4. ¿Qué asignaturas toma Michelle este semestre?

_____

5. ¿Dónde trabaja?

_____

6. ¿Con quién estudia Michelle?

_____

7. ¿Es norteamericano Pedro?

_____

8. ¿Vive Pedro en la residencia universitaria?

_____

9. ¿Cuántos idiomas habla Pedro? ¿Cuáles?

_____

10. ¿Dónde comen mañana Michelle y Pedro?

_____

Para escribir

Write a short dialogue between two classmates who are discussing their living accommodations and the classes they have, including the number of units. They also discuss plans for the next day. Use what you have learned about brainstorming and listing to generate ideas before you begin.

_____

_____

_____

_____

_____

_____

_____

LECCIÓN 4 Workbook Activities

A. Change each demonstrative adjective to agree with the nouns provided.

1. este hombre, _____ mujer, _____ mujeres, _____ chicos, _____ señor

2. esas computadoras, _____ cine, _____ conciertos, _____ camareras, _____ pareja

3. aquellos señores, _____ fiesta, _____ teatro, _____ chicas, _____ refrescos

B. Complete the following exchanges, using the verbs **conocer, llevar,** and **tener.** Add the personal **a** when needed.

1. —¿Tú _____ la novia de Roberto?

   —¡Roberto no _____ novia!

2. —¿Tú _____ Beatriz a la universidad?

   —No, yo _____ Carmen.

3. —¿Qué tienes que hacer (*to do*)?

   —Tengo que _____ los libros a la biblioteca.

4. —¿Uds. _____ Madrid?

   —No, pero _____ Sevilla.

5. —Tienes que _____ tu perro al veterinario.

   —Sí, a las dos.

C. Complete the following sentences with **de** + definite article or **a** + definite article.

1. Olga viene _____ cine.

   _____ fiesta.

   _____ clases.

   _____ laboratorio de lenguas.

2. Roberto conoce _____ señora.

   _____ estudiantes.

   _____ jefe de Raúl.

   _____ señoritas.

3. Son las hermanas _____ señor Soto.

_____ señora Díaz.

_____ profesores.

_____ señoritas.

D. Complete the following dialogues, using the present indicative of **estar, ir,** or **dar.**

1. —El jefe _____ una fiesta hoy. ¿Tú _____ ?

—Sí, yo _____ con Rosaura.

—¿Dónde _____ Rosaura ahora?

—_____ en su apartamento.

2. —¿Dónde _____ tu hermano?

—_____ en Madrid. Después _____ a París porque

mis padres _____ allí.

3. —¿Cuánto dinero (*money*) _____ Uds. para la fiesta de Magaly?

—Nosotros _____ veinte dólares. ¿Cuánto _____ tú?

—Yo _____ diez dólares.

E. Use the information given to say what everyone is going to do. Use **ir a** + *infinitive.*

1. Yo tengo muchos libros. _____

2. Oscar tiene un refresco. _____

3. Nosotros tenemos sándwiches. _____

4. Tú tienes una piscina. _____

5. Cristina tiene un bolígrafo. _____

6. Uds. tienen discos compactos. _____

F. Complete the following sentences, using the appropriate present indicative forms of **saber** or **conocer.**

1. Yo _____ a Inés, pero no _____ dónde vive.

2. ¿Tú _____ portugués?

3. Nosotros _____ París, pero no _____ hablar francés.

4. ¿Tú _____ el número de teléfono de Norma?

5. Ana no _____ las novelas de Cervantes.

6. ¿Ud. _____ el poema de memoria?

G. Complete the following sentences, using the Spanish equivalent of the words in parentheses.

1. Rosa y Eva vienen _____ . (*from the movies*)

2. El señor Rivas tiene _____ . (*a very pretty girlfriend*)

3. Los viernes ellos van _____ . (*to the language lab*)

4. Mi hermano no _____ . (*know your sister*)

5. Nosotros vamos a llevar _____ . (*our dog to the vet*)

6. Yo _____ . (*know his phone number*)

H. Crucigrama

HORIZONTAL

1. *activities*, en español

4. hacer planes

5. Tengo un hermano y una _____ .

7. Cheddar es un tipo de _____ .

8. Es el padre de mi mamá. Es mi _____ .

9. El hermano de mi mamá es mi _____ .

10. Tengo hambre. ¿Hay _____ para comer?

13. mozo

14. juego

17. Elsa no _____ nadar.

19. Nadamos en la _____ .

20. Es la mamá de mi esposo. Es mi _____ .

21. Mi mamá y mi papá son mis _____ .

22. *to skate*, en español

24. El fin de _____ vamos al club.

25. Mi _____ es el esposo de mi hija.

VERTICAL

2. Hoy voy a un _____ de música clásica.

3. La banana es una _____ .

4. Son dos. Son una _____ .

6. Mi hijo es el _____ de mi papá.

9. ¿Van al cine o al _____ ?

11. Tengo _____ de ir al cine.

12. No voy a la fiesta porque estoy muy _____ .

15. Dan una fiesta y yo estoy _____ .

16. Es mi _____ . Es el esposo de mi hermana.

18. Es mi mamá. Es la _____ de mi papá.

22. La hija de mi tía es mi _____ .

23. En la clase nosotros _____ a hablar español.

© Houghton Mifflin Company. All rights reserved.

I. **¿Qué dice aquí?** Answer the following questions about Nora's weekend, based on this page from her planner.

	VIERNES **4** de abril
8:00 *Tenis — Julio* 12:00 *Comer — Ana y Eva* 3:00 *Nadar — Alicia — Club* 9:00 *Concierto — Julio*	
9:00 *Patinar — Olga* 1:00 *Playa — Eva, Silvia, Rosa* 8:00 *Fiesta — Jefe de Julio*	**SÁBADO** **5** de abril
9:00 *Parque de diversiones— sobrinos* 8:00 *Cena — Julio y sus padres*	**DOMINGO** **6** de abril

1. ¿A qué hora va a jugar (*play*) Nora al tenis? ¿Con quién?

   _____

   _____

2. ¿Con quiénes va a estar a las doce?

   _____

3. ¿Adónde va a ir a las tres? ¿Qué va a hacer?

   _____

4. ¿Con quién va a ir al concierto? ¿A qué hora?

   _____

5. ¿Qué va a hacer el sábado a las nueve? ¿Con quién?

   _____

6. ¿Quiénes van a ir a la playa con Nora?

   _____

7. ¿Quién da una fiesta?

   _____

8. ¿Adónde va a ir Nora con sus sobrinos? ¿Qué día? ¿A qué hora?

   _____

9. ¿Con quiénes va a cenar a las ocho?

_____

10. ¿Julio es el hermano o el novio de Nora?

_____

Para leer

Read the following story about Rosaura, and then answer the questions.

Mañana, viernes, mi esposo y yo estamos invitados a una fiesta en casa° de mi jefe. Tenemos que ir un rato, pero después vamos a una discoteca.

house

El sábado por la mañana voy a jugar al tenis con la novia de mi hermano y después vamos al club a nadar. ¡El club tiene una piscina enorme! Por la tarde vamos todos al estadio a ver un juego de béisbol.

El domingo vamos a la iglesia° y después vienen los padres de mi esposo a comer con nosotros.

church

¡Conteste!

1. ¿Adónde tienen que ir Rosaura y su esposo mañana?

_____

2. ¿Quién da la fiesta?

_____

3. ¿Adónde va la pareja después de la fiesta?

_____

4. ¿El hermano de Rosaura tiene novia?

_____

5. ¿Cómo es la piscina del club?

_____

6. ¿Adónde van todos el sábado por la tarde?

_____

7. ¿Adónde van el domingo por la mañana?

_____

8. ¿Quiénes están invitados a comer en casa de Rosaura?

_____

▣ **Para escribir**

When writing an informal note, letter, or e-mail in Spanish, begin and close with the following phrases. Notice that a colon, rather than a comma, follows the name of the person you are writing to.

Querido(a) (+ *name*):	*Dear...,*	Un abrazo,	*A hug,*
Hola, (+ *name*):		Besos,	*Kisses,*
		Tu amigo(a),	*Your friend,*

You can also close with just a good-bye such as **Hasta luego** or with **Escríbeme pronto** (*Write to me soon*).

Write a note or e-mail to your best friend telling him/her what you are going to do this weekend. Include as many activities as possible. Tell him/her who's going to do these things with you, as well as times and places.

_____

_____

_____

_____

_____

_____

_____

_____

LECCIÓN 5 Workbook Activities

A. Change the verbs in the following questions from the present indicative to the present progressive.

1. ¿Qué lees?

   _____

2. ¿De qué hablamos?

   _____

3. ¿Qué piden ellos?

   _____

4. ¿Qué dices?

   _____

5. ¿Carlos duerme?

   _____

6. ¿Qué como?

   _____

7. ¿Traen los libros?

   _____

8. ¿Ud. sirve café?

   _____

B. Ask the following questions, using **ser** or **estar** as appropriate.

1. Ask what time it is.

   _____

2. Ask Mr. Díaz if he's Cuban.

   _____

3. Ask your friend where her boyfriend is.

   _____

4. Ask your friend if his father is tall.

   _____

5. Ask Miss Peña what she's reading.

_____

6. Ask someone where the party is.

_____

7. Ask your friend if her mother is a professor.

_____

8. Ask someone if the chair is made of plastic.

_____

9. Ask your friend if she thinks (**cree**) Andrea looks pretty today.

_____

10. Ask your friend if he's tired.

_____

C. Write the questions that elicited the following answers. Use **ser** or **estar**, as appropriate.

1. _____

¿Ana? En la biblioteca.

2. _____

¿Yo? De Colombia.

3. _____

¿El disco compacto? Sí, de Pedro.

4. _____

¿Verónica? Alta, delgada y muy bonita.

5. _____

¿Yo? Sí, muy ocupada.

6. _____

¿La mesa? Sí, de metal.

7. _____

Hoy es jueves.

8. _____

¿Sandra y Carlos? Bailando...

D. Rewrite the following sentences, changing the verbs to the ones in parentheses.

1. Yo bebo café.   (querer)

   _____

2. La fiesta es a las ocho.   (empezar)

   _____

3. Nosotros debemos ir.   (pensar)

   _____

4. ¿Tú comes ensalada?   (preferir)

   _____

5. Terminan a las nueve.   (cerrar)

   _____

6. ¿A qué hora es la clase?   (comenzar)

   _____

7. Nosotros no deseamos ir.   (querer)

   _____

8. Nosotros tomamos ponche.   (preferir)

   _____

9. ¿Comprendes? (*Do you understand?*)   (entender)

   _____

10. ¿Desean Uds. ir al concierto?   (querer)

    _____

E. Compare the following people and things to each other.

1. Luis es _____ Raúl y Paco.

   Paco es _____ Raúl y Luis.

   Paco es _____ de los tres.

   Luis es _____ de los tres.

2. Ana es _____ Eva.

   Dora es _____ Eva.

   Ana es _____ de las tres.

   Dora es _____ de las tres.

   Eva es _____ alta _____ Dora.

3. El coche (*car*) de Elsa es _____ el coche de Tito.

El coche de Olga es _____ el coche de Tito.

El coche de Elsa es _____ de todos.

El coche de Olga es _____ de todos.

F. Restate the following information using comparisons of equality.

1. Yo tengo cien libros y Roberto tiene cien libros.

   _____

2. Nosotros trabajamos mucho y Uds. trabajan mucho.

   _____

3. El restaurante Azteca tiene cincuenta mesas y el restaurante Versailles tiene cincuenta mesas.

   _____

4. Paquito toma mucha leche y Carlitos toma mucha leche.

   _____

5. Ernesto bebe mucho café y Julia bebe mucho café.

   _____

G. Complete the following sentences with the correct pronouns.

1. Las cintas son para _____ . (yo)

   _____ . (tú)

   _____ . (Ud.)

   _____ . (nosotros)

   _____ . (ellos)

2. Tus amigos hablan de _____ .   (yo)

_____ .   (nosotros)

_____ .   (Uds.)

_____ .   (tú)

_____ .   (él)

3. Elena va con _____ .   (yo)

_____ .   (ellas)

_____ .   (tú)

_____ .   (nosotras)

_____ .   (Ud.)

H. Crucigrama

HORIZONTAL

2. opuesto de **mayor**

4. que tiene mucho dinero

5. Va al hospital porque está muy _____ .

6. Tiene dieciocho años; es muy _____ .

7. Tengo _____ compactos.

12. Voy a _____ por teléfono a Jorge.

13. La _____ es una bebida alcohólica.

15. Ada es mi _____ de cuarto.

17. Está trabajando; está muy _____ .

19. estéreo

21. Vamos a un _____ de básquetbol.

22. ¿ _____ vienen? ¿En agosto?

24. Vamos a montar a _____ .

26. Vamos al parque de _____ .

VERTICAL

1. No es rubia; es _____ .

2. chico

3. Damos una fiesta de _____ .

8. Tengo discos compactos, pero no tengo _____ .

9. excelente (*m.*)

10. muy bonita

11. El vino es una _____ alcohólica.

14. Vamos a un club _____ .

15. La clase _____ a las diez.

16. Tiene _____ rubio.

18. Es de _____ mediana.

20. verbo: invitar; nombre: _____

23. *beach*, en español

25. Es rubio, de _____ azules.

I. **¿Qué pasa aquí?** Look at the illustration and answer the following questions.

1. ¿Dónde están los estudiantes?

_____

2. ¿Prefieren estudiar o tener otras actividades?

_____

3. ¿Qué tiene ganas de hacer Jorge?

_____

4. ¿Dónde quiere estar Lucía?

_____

5. ¿Con quién quiere estar?

_____

6. ¿Ud. cree que Daniel es rico?

_____

7. ¿Qué piensa hacer Graciela el domingo?

_____

8. ¿Qué problema tiene Pablo?

_____

9. ¿Qué quiere hacer?

_____

10. ¿Ud. cree que Víctor quiere ir al estadio o al cine?

_____

11. ¿Qué quiere ver Víctor?

_____

12. ¿Adónde piensa ir Ana el sábado?

_____

13. ¿A qué hora comienza la fiesta?

_____

14. ¿Qué va a hacer Ana en la fiesta?

_____

Para leer

Read the following story, and then answer the questions.

Miguel Ángel Campos es un muchacho de San Juan, Puerto Rico. Su novia, Estela Ruiz, es de Honduras, pero vive también en San Juan.

Estela y Miguel Ángel piensan dar una fiesta de bienvenida para Irma Silvera, una amiga de ellos que llega de México el próximo jueves. Irma es una chica muy inteligente. No es bonita, pero es muy simpática. Es morena, de ojos verdes, delgada y no muy alta.

El sábado piensan llevar a Irma a la playa, a montar a caballo y, por la noche, a un club nocturno.

¡Conteste!

Miguel Ángel himself is asking you these questions. Answer them, using the **tú** form to address him.

1. ¿De dónde soy yo?

_____

2. ¿Quién es Estela Ruiz?

_____

3. ¿De dónde es ella?

_____

4. ¿En qué ciudad vive?

_____

5. ¿Qué pensamos hacer Estela y yo?

_____

6. ¿De dónde llega nuestra amiga?

_____

7. ¿Qué día llega Irma?

_____

8. ¿Irma es una chica inteligente?

_____

9. ¿Es bonita?

_____

10. ¿Es rubia? ¿De qué color son sus ojos?

_____

11. ¿Estela y yo pensamos llevar a Irma a la playa o a un parque de diversiones?

_____

12. ¿Adónde vamos a ir los tres por la noche?

_____

Para escribir

Write a note or e-mail to a friend, inviting him/her to a party you are giving. State the reason for the party, and say where and when the party is taking place, what time it starts, what you are going to serve, and what you are going to do. Tell him/her what he/she has to bring. Use what you learned in Lesson 4 about writing informal notes.

_____

_____

_____

_____

_____

_____

_____

LECCIÓN 6 Workbook Activities

A. Rewrite the following sentences, using the verbs in parentheses.

1. Tú debes ir con ellos.   (poder)

_____

2. Yo voy mañana.   (volver)

_____

3. Ellos no necesitan el número.   (recordar)

_____

4. ¿No necesitas las estampillas?   (encontrar)

_____

5. ¿Cuánto es el libro?   (costar)

_____

6. Nosotros trabajamos bien.   (dormir)

_____

B. Rewrite the following sentences, using the verbs in parentheses.

1. Nosotros tomamos café.   (servir)

_____

2. Yo no hago eso.   (decir)

_____

3. ¿Uds. necesitan información?   (pedir)

_____

4. ¿Dónde compra Teresa los sellos?   (conseguir)

_____

5. Nosotros conocemos al empleado.   (seguir)

_____

6. ¿Qué necesitas tú?   (decir)

_____

C. Answer each of the following questions by filling in the corresponding direct object pronoun and the verb.

MODELO: ¿Necesitas **los cheques**?

Sí, los necesito.

1. —¿**Me** llamas mañana?

   —Sí, _____ _____ mañana.

2. —¿Pides **el préstamo** en este banco?

   —Sí, _____ _____ en este banco.

3. —¿Llevan Uds. **a su hija** a la oficina de correos?

   —Sí, _____ _____ a la oficina de correos.

4. —¿**Nos** necesitan Uds. hoy?

   —Sí, _____ _____ hoy.

5. —¿**Te** conoce Roberto?

   —Sí, _____ _____ .

6. —¿Compras **los sellos** en el correo?

   —Sí, _____ _____ en el correo.

7. —¿**Los** llaman **a Uds.** a las tres?

   —Sí, _____ _____ a las tres.

8. —¿Van a traer **al hermano de Claudia** hoy?   (2 forms)

   —Sí, _____ a traer_____ hoy.

   —Sí, _____ _____ a traer hoy.

D. Complete the following sentences, using the Spanish equivalent of the words in parentheses.

1. Necesito las estampillas. ¿Tú _____ ?   (*can bring them*)

2. _____ , pero no sé su número de teléfono.   (*I know him*)

3. Ellos siempre _____ al cine los domingos.   (*take us*)

4. Uds. _____ esta noche.   (*can call me*)

5. Ella _____ , Anita.   (*needs you*)

6. ¿El libro? _____ para hoy.   (*We need it*)

E. Rewrite the following sentences in the affirmative.

MODELO: No necesito nada.

Necesito algo.

1. No van nunca.

   _____

2. Yo no lo quiero tampoco.

   _____

3. No quiero té ni café.

   _____

4. No hay nadie aquí.

   _____

5. No tenemos ningún amigo venezolano.

F. Write sentences using the expression **hace... que** and the elements given.

1. tres años / yo / estudiar español

   _____

2. ¿Cuánto tiempo / tú / no comer / queso?

   _____

3. dos horas / nosotros / estar / en el banco

   _____

4. veinte minutos / ellos / hablar / con el empleado

   _____

5. dos semanas / ella / no venir / a clase

   _____

G. Answer the following questions, using the cues provided and substituting the appropriate direct object pronouns for the direct objects. Follow the model.

MODELO: ¿Cuánto tiempo hace que tú conoces a las chicas? (un año)

Hace un año que las conozco.

1. ¿Cuánto tiempo hace que Uds. no ven a sus padres? (dos meses)

   _____

2. ¿Cuánto tiempo hace que tú no me llamas? (una semana)

   _____

3. ¿Cuánto tiempo hace que ella los conoce a Uds.?   (tres años)

_____

4. ¿Cuánto tiempo hace que tu compañero de clase no te trae a la universidad?   (quince días)

_____

5. ¿Cuánto tiempo hace que Uds. tienen ese restaurante?   (seis meses)

_____

6. ¿Cuánto tiempo hace que tú no hablas con tu hermana?   (cinco días)

_____

H.   Crucigrama

HORIZONTAL

2. Voy a pagar con un _____ de viajero.

6. ¿Dónde está el _____ de cheques?

7. opuesto de **pierde**

8. personas

9. Vamos a la _____ de correos.

10. opuesto de **cierran**

13. Venden sellos en la _____ número cuatro.

15. El banco paga un _____ del tres por ciento.

16. Voy a pedir un _____ en el banco porque necesito dinero.

19. envía

20. ¿En que puedo _____ , señorita?

21. Hay muchas personas y tenemos que hacer _____ .

22. Hoy tengo que hacer muchas _____ .

25. Pongo el dinero en la _____ de seguridad del banco.

28. Enviamos las cartas por vía _____ .

29. Necesito trabajar. Voy a _____ trabajo en el banco.

30. El _____ de su cuenta es de cien dólares.

VERTICAL

1. Tengo que enviar un _____ postal.

3. sello

4. Quiero enviar una _____ postal.

5. opuesto de **dar** (por ejemplo, dinero)

11. Necesito el _____ de su cuenta.

12. Hay sesenta en una hora.

14. Trabaja en el correo. Es un _____ del correo.

17. Tengo una cuenta corriente y una cuenta de _____ .

18. ¿Puedo sacar mi dinero en _____ momento?

23. No es importante. No _____ .

24. salir: yo _____ , .

25. Voy a enviar estas _____ certificadas.

26. opuesto de **gastar** (*to spend*)

27. No es la casa central; es una _____ .

I. **¿Qué dice aquí?** Read the ad and then answer the questions based on the information provided.

¡Cuentas Corrientes Gratis!*

Ahora usted puede tener todas las ventajas de una cuenta corriente de cheques en el Banco de Asunción–¡GRATIS!

¡Abra su cuenta ahora y ahorre!
Si usted abre su cuenta antes del 30 de marzo no tiene que pagar durante los primeros seis meses.

No cobramos por los cheques.
No necesita mantener un saldo mínimo.

Línea de información 24 horas al día.
Usted puede saber cuál es el saldo de su cuenta en cualquier momento. Damos servicio 24 horas al día, los 7 días de la semana.

Como siempre, abrimos los sábados.
Visite hoy cualquiera de nuestras sucursales o llame sin costo a nuestro teléfono 71-4293.

BANCO DE ASUNCIÓN
Calle Palma No. 315

* La oferta es válida para cuentas corrientes. Para abrir la cuenta se requiere un depósito mínimo de 100.000 guaraníes.

1. ¿Cómo se llama el banco? ¿En qué calle está?

   _____

2. ¿Hay que pagar algo por las cuentas corrientes?

   _____

3. ¿Qué ventajas (*advantages*) tienen los clientes si abren su cuenta antes del 30 de marzo?

   _____

4. En este plan, ¿cuánto es necesario pagar por los cheques?

   _____

5. ¿Qué saldo mínimo hay que mantener (*maintain*) en este plan?

   _____

6. ¿Cuándo es posible llamar al banco para recibir información sobre el saldo de una cuenta?

   _____

7. ¿Es posible ir al banco a depositar dinero los sábados? ¿Por qué o por qué no?

   _____

8. ¿Tiene sucursales el Banco de Asunción?

   _____

9. Los clientes que llaman para pedir información, ¿tienen que pagar por la llamada?

   _____

10. ¿Qué depósito mínimo requiere el banco para abrir este tipo de cuenta?

    _____

Para leer

Read the following announcement, and then answer the questions.

Un anuncio° del Banco Nacional del Paraguay en Asunción, Paraguay.   *ad*

BANCO NACIONAL DEL PARAGUAY

(Horas: lunes a viernes de nueve a tres)

¿Quiere abrir una cuenta de ahorros?

Nosotros pagamos un interés del cinco por ciento. Ud. puede sacar su dinero en cualquier momento sin° perder el interés. ¡Una oportunidad extraordinaria! También pagamos interés en las cuentas corrientes (tres por ciento).   *without*

Los cheques son gratis° si Ud. deposita un mínimo de quinientos mil guaraníes.[1]   *free*

---

[1] Paraguayan currency.

¡Conteste!

1. ¿En qué ciudad está el Banco Nacional del Paraguay?

_____

2. ¿A qué hora abre el banco? ¿A qué hora cierra (*closes*)?

_____

3. ¿Puedo ir al banco el sábado? ¿Por qué?

_____

4. ¿Qué interés paga el banco en las cuentas de ahorros?

_____

5. Voy a sacar mi dinero de la cuenta de ahorros. ¿Voy a perder el interés?

_____

6. ¿Es una buena idea depositar dinero en el Banco Nacional del Paraguay? ¿Por qué?

_____

7. ¿Paga el banco interés en las cuentas corrientes? ¿Cuánto?

_____

8. ¿Cuánto dinero debo depositar para tener cheques gratis?

_____

🔲 Para escribir

In transactions of many types (making purchases, ordering at a restaurant, requesting information), being polite is not just a matter of common courtesy—it can help you more easily obtain what you want. You can use the phrase **¿Me puede decir...?** for many types of requests. When thanking the person helping you, you can say **gracias, muy amable** (*very kind*), or simply **muchas gracias**.

Write a short dialogue between yourself and a bank teller. Find out about opening a checking account, what interest it pays, and whether or not it's free (**gratis**). Also request an ATM card (**tarjeta de banco**). Remember to use appropriate courtesy espressions.

Cajero: Buenos días. ¿En qué puedo servirle?

Ud.:   _____

_____

_____

_____

_____

_____

_____

_____

_____

_____

LECCIÓN 7 Workbook Activities

A. Complete the following chart with the missing forms of the preterit.

Infinitive	yo	tú	Ud., él, ella	nosotros(as)	Uds., ellos, ellas
1. hablar	hablé	hablaste	habló	hablamos	hablaron
2. trabajar	trabajé			trabajamos	
3. cerrar			cerró		
4. empezar		empezaste			
5. llegar				llegamos	
6. buscar					buscaron
7. comer	comí	comiste	comió	comimos	comieron
8. beber			bebió		
9. volver	volví				
10. leer			leyó		
11. creer	creí				
12. vivir	viví	viviste	vivió	vivimos	vivieron
13. escribir		escribiste			
14. recibir				recibimos	
15. abrir			abrió		

B. Rewrite each sentence, using the preterit of the verb in parentheses.

1. Yo encontré el número. (buscar)

   _____

2. Yo lo compré. (pagar)

   _____

3. Yo terminé a las seis. (empezar)

   _____

4. ¿Ud. lo escribió? (leer)

   _____

5. Yo salí temprano. (llegar)

   _____

6. Yo vi el piano. (tocar)

   _____

7. Yo llevé el dinero. (sacar)

   _____

8. Ellos no me visitaron. (creer)

   _____

C. Rewrite the following dialogue in the preterit.

   —¿Adónde vas?
   —Voy a la fiesta que da Sergio.
   —¿Susana va contigo?
   —No. Oye, ¿tú das una fiesta el sábado?
   —Yo doy una fiesta, pero no es el sábado.
   —El doctor Vargas y la doctora Torres, ¿van a tu fiesta?
   —Sí, ellos son mis profesores.

   _____

   _____

   _____

   _____

   _____

   _____

   _____

D. Complete the following sentences with the Spanish equivalent of the words in parentheses.

1. Ella siempre _____ la verdad. ¿Tú vas a _____ la verdad? (*tells me / tell me*)

2. Yo _____ los pantalones. (*bought him*)

3. Nosotros _____ todos los días. (*write to him*)

4. Mis padres _____ en inglés. (*speak to us*)

5. Yo no puedo _____ el descuento, señor Torres. (*give you*)

6. Yo nunca _____ nada, Paquito. (*tell you*)

7. ¿Por qué estás _____ en inglés? (*speaking to them*)

8. Uds. _____ nada. (*didn't give her*)

9. Nosotros no podemos _____ hoy, señorita Vega. (*pay you*)

10. Yo siempre _____ ropa de Colombia. (*bring them*)

E. Answer the following questions in the negative.

1. ¿Tú le mandaste una corbata a tu papá?

   _____

2. ¿Tus padres te dieron dinero?

   _____

3. ¿El profesor les habló a Uds. en inglés?

   _____

4. ¿Uds. me enviaron los zapatos? (Use the **tú** form in your answer.)

   _____

5. ¿Tú les compraste botas a tus amigos?

   _____

6. ¿Tú le diste el vestido a Marisa?

   _____

F. Complete the following chart, using the Spanish construction with **gustar**.

English	Indirect Object	Verb *gustar*	Person(s) or Thing(s) Liked
1. I like this vest.	Me	gusta	este chaleco.
2. I like these ties.	Me	gustan	estas corbatas.
3. You (*fam.*) like the blouse.	Te		
4. He likes the boots.	Le		las botas.
5. She likes the dress.			
6. We like the clerk.	Nos		
7. You (*pl.*) like the store.	Les	gusta	
8. They like to work and to study.			
9. I like this shirt.			
10. He likes to go shopping.			
11. We like those sandals.			

G. Rewrite the following sentences, substituting **gustar más** for **preferir**.

MODELO: Mi mamá prefiere la blusa verde.

A mi mamá le gusta más la blusa verde.

1. Mis padres prefieren jugar al tenis.

   _____

2. Mi hermano prefiere los pantalones grises.

   _____

3. Yo prefiero ir de compras los sábados.

   _____

4. ¿Tú prefieres las botas blancas?

   _____

5. Nosotros preferimos salir temprano.

   _____

6. ¿Uds. prefieren la cartera roja?

   _____

H. Complete the following sentences, using the Spanish equivalent of the words in parentheses.

1. Yo quiero _____ ese vestido. (*try on*)

2. Ella _____ por la mañana. (*bathes*)

3. Mis hijos y yo _____ a las seis. (*get up*)

4. ¿Tú puedes _____ en diez minutos? (*get dressed*)

5. ¿Uds. _____ por la noche? (*shave*)

6. Ellos siempre _____ aquí. (*sit*)

7. ¿A qué hora _____ , señor Soto? (*did you go to bed*)

8. Ana quiere _____ el abrigo rojo. (*put on*)

9. Yo tengo que _____ ahora. (*get ready*)

10. Ellos _____ a un apartamento. (*moved*)

11. ¿A qué hora _____ tú? (*did you wake up*)

12. Nosotros siempre _____ los fines de semana. (*have fun*)

I. **Crucigrama**

HORIZONTAL

1. ropa interior de hombre

3. *robe*, en español

5. opuesto de **derecha**

6. Yo _____ el número siete.

7. doce meses

8. Aquí se venden zapatos.

12. venta

14. ponerse ropa

15. Los hombres usan calcetines; las mujeres usan _____ .

18. En una tienda, lugar donde nos probamos ropa.

20. Me quedan chicos; me _____ .

21. talla

23. Pagué menos porque me dan un _____ .

25. ¿Quieres zapatos, botas o _____ ?

VERTICAL

1. Me baño y me lavo la _____ .

2. opuesto de **ancho**

4. opuesto de **próximo**

6. Los hombres compran ropa en el departamento de _____ .

7. Lo uso cuando tengo frío.

9. opuesto de **temprano**

10. Las mujeres lo usan para dormir.

11. Se usa con una falda.

13. bolso

16. Le compré ropa _____ : unas camisetas y calzoncillos.

17. La usan las mujeres debajo (*under*) del vestido.

18. Los hombres usan camisa y _____ .

19. Lo usan las mujeres, pero no los hombres.

22. opuesto de **mañana**

24. llevar

J. **¿Qué pasa aquí?** Look at the illustration and answer the following questions.

1. ¿Qué se va a probar Carmen?

_____

2. ¿El vestido está en liquidación?

_____

3. ¿Qué descuento da la tienda hoy?

_____

4. ¿Qué le quiere comprar Carmen a Pablo?

_____

5. ¿Qué quiere comprar Rosa?

_____

6. ¿Qué lleva Rosa en la mano?

_____

7. ¿Qué número calza Adela?

_____

8. ¿Le van a quedar bien los zapatos a Adela?

_____

9. ¿Le van a quedar grandes o chicos?

_____

10. ¿Cree Ud. que las botas son de buena calidad?

_____

11. ¿Adela piensa comprar las botas?

_____

12. ¿Cómo se llama la tienda?

_____

Para leer

Read the following story about Carlos Alberto, and then answer the
questions.

Mañana pienso levantarme a las seis de la mañana. En seguida
voy a bañarme, afeitarme y vestirme porque quiero salir temprano
para ir de compras. Voy a desayunar° en una cafetería del centro°   *have breakfast / downtown*
y a las ocho voy a estar en la tienda La Época, donde tienen una
gran liquidación.

Necesito comprar un traje, dos camisas, un pantalón y dos o tres
corbatas. Después voy a ir al departamento de señoras para
comprarle un vestido a mi hermana; también quiero comprarle
una blusa y una falda a mamá, pero no sé qué talla usa. Además,°   *Besides*
a mamá nunca le gusta nada.

¡Conteste!

1. ¿Carlos Alberto piensa levantarse temprano o tarde mañana?

_____

2. ¿Qué va a hacer en seguida?

_____

3. ¿Para qué quiere salir temprano?

_____

4. ¿Va a desayunar en su casa?

_____

5. ¿A qué hora quiere estar en la tienda?

_____

6. ¿Por qué quiere ir Carlos Alberto a la tienda La Época?

_____

7. ¿Qué va a comprar Carlos Alberto?

_____

_____

8. ¿A qué departamento tiene que ir para comprar el vestido?

_____

9. ¿Qué quiere comprarle Carlos a su mamá?

_____

10. ¿Qué le gusta a la mamá de Carlos Alberto?

_____

Para escribir

Clarity is an important element in any type of writing. A chronological
relation of actions or events is one technique you can use to convey a
clear picture for your reader. Indicating days of the week, time, or general
time references (**por la mañana/tarde**) helps establish a clear sequence of
events. Other useful words are:

primero   **luego, después**   **por fin, finalmente**

Write one or two paragraphs about what you did yesterday and where you
went. Relate the events chronologically, and include what time you got up
and what time you went to bed.

_____

_____

_____

_____

_____

_____

_____

_____

_____

LECCIÓN 8 · Workbook Activities

A. Complete the chart below with the missing forms of the infinitive and preterit.

Infinitive	*yo*	*tú*	*Ud., él, ella*	*nosotros(as)*	*Uds., ellos, ellas*
1. traducir			tradujo		
2. traer		trajiste			
3.	tuve				tuvieron
4.			puso		pusieron
5. saber		supiste			
6.	hice			hicimos	
7.			quiso		quisieron
8.		condujiste		condujimos	
9. estar			estuvo		
10.	dije			dijimos	
11.	pude	pudiste			
12.			vino		vinieron

B. Complete the following sentences with preterit forms of the verbs listed.

estar   decir   poder   traer   venir   hacer   querer   poner   tener

1. Ayer yo no _____ ir al mercado porque _____ que trabajar.

2. Ellos _____ los libros aquí y los _____ en la mesa.

3. Tú no _____ a la clase ayer y no me _____ nada.

4. ¿Qué _____ Ud. el sábado? ¿Fue de compras?

5. ¿Dónde _____ ella anoche? ¿Por qué no _____ salir con nosotros?

C. Complete the chart below with the Spanish equivalent of the English sentences. Use the masculine singular object pronoun **lo** in each response.

English	Subject	Indirect Object Pronoun	Direct Object Pronoun	Verb
1. I give it (*m.*) to you.	Yo	te	lo	doy.
2. You give it to me.	Tú			
3. I give it to him.		se		
4. We give it to her.				damos.
5. They give it to us.				
6. I give it to you (*Ud.*).				
7. You give it to them.	Tú			

D. Tell for whom your Mom buys things, replacing the direct objects with direct object pronouns.

MODELO: Yo quiero peras.

Mamá me las compra.

1. Nosotros queremos manzanas.

_____

2. Tú quieres sandía.

_____

3. Los chicos quieren helado.

_____

4. Yo quiero melocotones.

_____

5. Graciela quiere pan.

_____

6. Ud. quiere zanahorias.

_____

E. Answer the following questions in the affirmative, replacing the direct objects with direct object pronouns.

1. ¿Me trajiste el pastel?

_____

2. ¿Les sirvieron los vegetales a Uds.?

_____

3. ¿Le diste el cereal al niño?

_____

4. ¿Te compraron la carne?

_____

5. ¿Le pidieron la lejía a Ud.?

_____

6. ¿Les vendieron peras a ellas?

_____

7. ¿Me limpiaste la casa?

_____

8. ¿Les trajeron la comida a Uds.?

_____

F. Rewrite the following sentences, using the verbs in parentheses.

1. Él comió carne.   (servir)

2. Tomaron café.   (pedir)

3. ¿Trajo Ud. el pescado?   (conseguir)

4. Vino después de comer.   (dormirse)

5. Llegó ayer.   (morir)

6. Tuvo frío.   (sentir)

7. Estuvieron hablando.   (seguir)

_____

8. Rafael comió mucho.   (divertirse)

_____

G. Rewrite the following sentences, changing all the verbs to the preterit.

1. Él viene a verme. Me pide dinero y yo se lo doy.

_____

2. Los chicos se divierten mucho, pero después tienen que trabajar.

_____

3. Ellos traen las cartas, las traducen y las ponen en el escritorio.

_____

4. Ella está en la fiesta. ¿Qué hace él?

_____

5. Nosotros hacemos el café y ellos lo sirven.

_____

6. Ella no puede venir hoy, pero no les dice nada.

_____

7. Muchas personas mueren en accidentes.

_____

8. Teresa no consigue trabajo, pero sigue buscando.

_____

H. Complete the following sentences with the imperfect forms of the verbs listed.

querer	ir	tener
ser *(use twice)*	saber	ver
jugar	levantarse	vivir
gustar	hablar	venir

1. Cuando yo _____ niña, _____ en Cuba y siempre

   _____ a la casa de mis abuelos los domingos.

2. Mis padres me _____ en inglés porque no _____
   hablar español.

3. _____ las ocho y media cuando Jorge llegó a casa.

4. Mi padre me dijo que _____ comprar comestibles en el mercado.

5. Nosotros _____ a nuestros amigos los sábados y _____
   con ellos todo el día.

6. Cuando yo _____ 12 años, siempre _____ tarde los
   fines de semana.

7. A mis hermanos les _____ mucho nadar.

8. Mi mejor amigo _____ a mi casa todos los días.

I. Complete the following sentences with the Spanish equivalent of the words
in parentheses.

1. Nosotros íbamos a la panadería _____ . *(frequently)*

2. Ellos _____ veían a sus suegros. *(rarely)*

3. Yo _____ usaba detergente para limpiar el piso. *(generally)*

4. Nuestro profesor siempre hablaba _____ . *(slowly and clearly)*

5. ¿Qué compraste tú _____ ? *(recently)*

J. Crucigrama

2. Ella come _____ por la mañana.

3. langostas, camarones, cangrejos, etc.

5. camarones

8. Compré carne en la _____ .

9. patata

11. Quiero _____ de cerdo.

13. Se come con pan.

15. Cuando yo estaba en la universidad, siempre _____ mucho dinero en comestibles.

16. Compro medicinas en la _____ .

18. En México los llaman "blanquillos".

22. Fab o Tide, por ejemplo.

23. Yo no le pongo _____ al café.

24. banana

25. pimiento

26. Voy a comer un _____ caliente.

27. 12 de algo.

28. Ayer no tuve _____ de hacerlo.

1. Voy a bañarme. Necesito el _____ .

2. *onion*, en español

4. pan, vegetales, frutas, carne, etc.

6. Compré el pan en la _____ .

7. Necesito _____ y tomates para la ensalada.

10. vegetal bajo en calorías

12. vegetal favorito de Bugs Bunny

14. Es un mercado al aire _____ .

17. *last night*, en español

19. lechuga, tomates, papas, etc.

20. Tiene siete días.

21. melocotón

26. Voy a hacer un _____ de manzanas.

K. **¿Qué dice aquí?** Look at the supermarket ad and answer the following questions.

Liborio®

SI ES DE ALLÁ, NOSOTROS LO TENEMOS AQUÍ.

J	V	S	D	L	M	M
13	14	15	16	17	18	19

Zanahoria Bolsa de 1Lb.

4 POR 99¢

Banana Amarilla

3 LBS 99¢

PAVO ASADO

Cebolla Café

6 LBS 99¢

Tomates Roma

3 LBS 99¢

Naranjas

6 LBS 99¢

Bolillos Mexicanos

6 POR 99¢

MasterCard VISA AMERICAN EXPRESS
DISCOVER ATM MTA TOKENS

Pollo

$1 29 EA.

Sardinitas Frescas

99¢ LB.

Manzana Fuji

3 LBS 99¢

LOS ANGELES
2021 W. Pico Blvd.,
Los Angeles CA 90006
(213) 389-4444

¡Atención! **libra** = *pound,* **centavo** = *cent*

1. ¿Cómo se llama el supermercado? ¿En qué ciudad está?

   _____

2. ¿Qué frutas puede Ud. comprar a precios especiales?

   _____

3. ¿Cuánto debe pagar por una libra de bananas?

   _____

4. ¿Qué puede comprar en la carnicería del mercado?

   _____

5. En la pescadería, ¿qué puede comprar y cuánto debe pagar por cada libra?

   _____

6. ¿Qué vegetales están rebajados (*marked down*) y cuánto cuestan ahora?

   _____

7. ¿Cuánto tiempo duran estos precios?

   _____

8. En la panadería, ¿qué tipo de pan está rebajado?

   _____

9. ¿Qué tarjetas de crédito aceptan en el mercado?

   _____

Para leer

Read the following story, and then answer the questions.

Ayer Antonio invitó° a unos amigos a comer y por la mañana fue de compras al mercado. Gastó mucho dinero, pero preparó una cena magnífica.   *invited*

Hizo un pastel de chocolate y para eso tuvo que comprar harina,° leche, huevos, chocolate, mantequilla y azúcar.   *flour*

Preparó también una ensalada de frutas muy buena. Le puso naranjas, uvas, peras, bananas y otras frutas.

Fue a la carnicería y a la pescadería para comprar pollo y mariscos para hacer una paella,[1] que les gustó mucho a sus invitados.° No tuvo que comprar vino porque lo trajeron sus amigos. Después de la cena, todos fueron a ver un partido de básquetbol.   *guests*

[1]A typical Spanish dish.

¡Conteste!

1. ¿A quiénes invitó Antonio a comer?

   _____

2. ¿Adónde fue por la mañana?

   _____

3. ¿Cómo estuvo la cena?

   _____

4. ¿Costó mucho dinero preparar la cena?

   _____

5. ¿Qué ingredientes usó para hacer la torta?

   _____

   _____

6. ¿Qué tipo de ensalada preparó?

   _____

7. ¿Qué le puso a la ensalada?

   _____

   _____

8. ¿Puede decirnos dos ingredientes de la paella?

   _____

9. Sabemos que la paella estuvo buena. ¿Por qué?

   _____

10. ¿Quién trajo el vino?

    _____

11. ¿Qué hicieron después de la cena?

    _____

⊡ **Para escribir**

Write an e-mail to a parent telling about a meal you had at a friend's house or about one you prepared for friends. Tell whom you ate with, what you ate, and how the meal was. You can also mention the ingredients of a particularly good dish, what else you did, and whether you had fun. Combine what you have learned about letter writing and sequencing words.

_____

_____

_____

_____

_____

_____

_____

_____

_____

_____

LECCIÓN 9 Workbook Activities

A. Complete each sentence with either **por** or **para**. Indicate the reason for your choice by placing its corresponding letter in the blank provided before the sentence.

<table>
<tr><td>Uses of por</td><td>Uses of para</td></tr>
<tr><td>a. motion: through, along, by, via</td><td>f. destination in space</td></tr>
<tr><td>b. cause or motive of an action</td><td>g. goal for a specific point in time</td></tr>
<tr><td>c. means, manner, unit of measure</td><td>h. whom or what something is for</td></tr>
<tr><td>d. in exchange for</td><td>i. objective</td></tr>
<tr><td>e. period of time during which an action takes place</td><td>j. in order to</td></tr>
</table>

1. _____ El biftec es _____ Mariana.

2. _____ Pagamos cincuenta dólares _____ la cena.

3. _____ La mesa no entra _____ la puerta.

4. _____ La llamo _____ teléfono todos los días.

5. _____ Necesito el dinero _____ el martes.

6. _____ Vienen _____ hablar con mis abuelos.

7. _____ Mañana salimos _____ Panamá.

8. _____ Van a ir a la agencia mañana _____ la mañana.

9. _____ No fui a la excursión _____ no tener dinero.

10. _____ ¿Es verdad que estudias _____ economista?

B. Complete the following sentences, using **por** or **para** appropriately, according to the information given.

1. Le compré una cartera a Lucía. La cartera es _____.

2. La puerta estaba cerrada. Tuve que salir _____.

3. El pasaje me costó $500. Pagué $500 _____.

4. Necesito hablar con Silvia. La voy a llamar _____.

5. Nosotros trabajamos de siete a once de la mañana. Trabajamos _____.

6. Había mucho tráfico y llegamos tarde. Llegamos tarde _____.

7. Voy a estar en México desde el cinco de enero hasta el cinco de marzo.

   Voy a estar en México _____.

8. Mañana vamos al aeropuerto porque viajamos a Panamá. Vamos a Panamá

_____.

9. Vengo con el propósito (*purpose*) de hablar con Ud. Vengo _____

_____.

10. Mañana tengo que tener el dinero. Necesito el dinero _____.

C. What comments might these people be making about the weather? Notice where they are and the time of year.

1. Raquel está en Oregón en abril.

_____

2. Olga está en Alaska en enero.

_____

3. Ana está en Phoenix, Arizona, en julio.

_____

4. Pedro está en Londres en febrero.

_____

5. Mario está en Chicago en marzo.

_____

D. Complete the following sentences, using the preterit or the imperfect. Then indicate the reason for your choice by placing the corresponding letter or letters in the blank provided before each sentence.

Preterit

a. Reports past actions or events that the speaker views as finished and complete.
b. Sums up a condition or state viewed as a whole (and no longer in effect).

Imperfect

c. Describes past actions or events in the process of happening, with no reference to their beginning or end.
d. Indicates a repeated or habitual action: "used to . . . , would . . ."
e. Describes a physical, mental, or emotional state or condition in the past.
f. Expresses time or age in the past.
g. Is used in indirect discourse.
h. Describes in the past or sets the stage.

1. _____ Ayer ellos _____ (celebrar) su aniversario de bodas.

2. _____ Cuando nosotros _____ (ser) niños, siempre _____ (ir) al campo.

3. _____ _____ (Ser) las cuatro de la tarde.

4. _____ Anoche yo _____ (ir) al restaurante y _____ (comer) langosta.

5. _____ Esta mañana Elsa _____ (tomar) dos vasos de agua porque

_____ (tener) mucha sed.

6. _____ Me dijo que tú _____ (querer) comer chuletas.

7. _____ Yo _____ (ir) al restaurante cuando _____ (ver) a
Roberto.

8. _____ Ella me llamó mientras yo _____ (almorzar).

9. _____ Toda la semana, _____ (hacer) mucho calor y el cielo

_____ (estar) nublado.

10. _____ Ayer me _____ (doler) la cabeza todo el día.

11. _____ ¿Tú _____ (divertirse) anoche en el parque de diversiones?

12. _____ Julio _____ (estar) en la biblioteca cuando

_____ (llegar) su novia.

E. Complete the following sentences, using the Spanish equivalent of the words
in parentheses.

1. Cuando Amalia _____ , ella y su familia _____ en Lima.
(*was a child / lived*)

2. Amalia _____ inglés con sus padres, pero sus amigos siempre

_____ en español. (*used to speak / spoke to her*)

3. _____ las ocho cuando Amalia _____ a su casa anoche.
(*It was / arrived*)

4. Ayer Amalia _____ que _____ dinero. (*told me / she needed*)

5. _____ cuando _____ de mi casa esta mañana.
(*It was cold / I left*)

F. Form sentences using **hace... que** and the elements given to tell how long ago
each action took place.

1. siete años / ellos / venir / California

_____

2. dos meses / nosotros / celebrar / aniversario

_____

3. una hora / yo / llegar / restaurante

_____

4. dos días /tú / volver / tus vacaciones

_____

5. quince minutos / el camarero / traer / la cuenta

_____

G. Complete each sentence, using the possessive pronoun that corresponds to each subject.

MODELO: Yo tengo mis libros y Julio tiene _____ .

*Yo tengo mis libros y Julio tiene **los suyos**.*

1. Ellos necesitan sus zapatos y nosotros necesitamos _____ .

2. A mí me gusta mi casa y a mi hermana le gusta _____ .

3. Ella mandó sus tarjetas y yo mandé _____ .

4. Yo hablé con mi profesor y Eva habló con _____ .

5. Antonio puede llevar a su novia y tú puedes llevar a _____ .

6. Olga trajo su abrigo y yo traje _____ .

7. Ellos invitaron a su profesora y nosotros invitamos a _____ .

8. Mis pantalones son negros. ¿De qué color son _____ , Paquito?

H. Crucigrama

HORIZONTAL

2. Quiero _____ de papas.

4. ¿Tienes que trabajar o estás de _____ ?

6. Necesito tazas y _____ para servir el café.

7. pequeño

11. comer por la mañana

13. ¿Cuál es la _____ de la casa?

15. La necesito para tomar la sopa.

16. Necesito el mantel y las _____ para poner la mesa.

18. En Canadá hace mucho _____ en el invierno.

19. Quiero pan con mantequilla y _____ .

20. pedazo

VERTICAL

1. opuesto de **tarde**

2. De _____ quiero flan.

3. delicioso

5. Necesito sal y _____ .

7. Tengo veinte años. Mi _____ es en julio.

8. El mozo anota el _____ .

9. ¿Viven en la ciudad o en el _____ ?

10. Uso un tenedor y un _____ para comer un biftec.

12. Hoy es nuestro aniversario de _____ .

14. lugar donde cocinamos

17. ¿Quieres papas _____ ?

I. **¿Qué pasa aquí?** Look at the illustration and answer the following questions.

1. ¿En qué restaurante están Eva y Tito?

   _____

2. ¿Cuál es la especialidad de la casa?

   _____

3. ¿Cree Ud. que es un restaurante caro o barato?

   _____

4. ¿Eva va a pedir la especialidad de la casa?

   _____

5. ¿Qué prefiere comer Eva?

   _____

6. ¿Eva quiere comer puré de papas, papa al horno o papas fritas?

   _____

7. ¿Qué quiere comer Tito?

   _____

8. ¿Qué va a pedir Tito de postre?

   _____

9. ¿Qué toman Tito y Eva?

_____

10. ¿Qué están celebrando Tito y Eva?

_____

11. ¿Adónde cree Ud. que van a ir después de cenar, al teatro o a un juego de béisbol?

_____

12. ¿Ud. cree que Tito y Eva tienen poco dinero o que son ricos?

_____

Para leer

Read the following letter, and then answer the questions.

Bogotá, Colombia

4 de enero

Querida Amanda:

Te estoy escribiendo desde la hermosa° capital colombiana. Bogotá
es una ciudad muy moderna, pero también tiene edificios° coloniales.

Ahora es invierno aquí pero no hace mucho frío; generalmente hace
buen tiempo y no llueve mucho.

Si tenemos suficiente dinero, vamos a alquilar° un apartamento. Ana
y yo queremos visitar la Catedral de Sal y también ir a Isla Margarita, pero
no sé si vamos a poder hacerlo. Papá me dijo que iba a mandarme un
cheque; si lo hace, vamos a estar en Isla Margarita por dos o tres días.

Anoche fuimos a un restaurante muy elegante y confieso que comimos
muchísimo. Yo pedí biftec (aquí lo preparan muy bien), arroz, sopa y
ensalada. De postre, flan y helado de vainilla. Después fuimos todos a
bailar y no volvimos al hotel hasta la madrugada.°

¿Está nevando mucho en Denver? ¿Por qué no tomas el próximo avión
a Bogotá?

Bueno,° saludos° a tus padres.

Un abrazo,°

Silvia

beautiful
buildings

rent

dawn

Well / greetings
hug

¡Conteste!

1. ¿Cuál es la capital de Colombia?

   _____

2. ¿Cómo es la ciudad?

   _____

3. ¿Qué van a hacer Silvia y su amiga si tienen suficiente dinero?

   _____

4. ¿Qué dijo el papá de Silvia que iba a hacer?

   _____

5. ¿Qué van a poder hacer las chicas si el papá de Silvia le manda un cheque?

   _____

6. ¿Está Silvia a dieta (*on a diet*)? ¿Cómo lo sabe?

   _____

7. ¿Volvieron las chicas temprano al hotel anoche?

   _____

8. ¿Nieva mucho en Denver?

   _____

9. ¿Qué debe hacer Amanda?

   _____

10. ¿A quiénes les manda saludos Silvia?

    _____

◩ **Para escribir**

Remember what you learned about courtesy expressions in Lesson 7.
Useful expressions for ordering a meal are:

Camarero(a)	**Cliente**
¿Qué desea tomar el señor/la señora?	¿Me puede decir...?
En seguida (*Right away*) le(s) traigo...	¿Me puede traer la cuenta/el menú/etc.?
¿Desea algo más?	

Write a dialogue between you and a waiter. Order a big meal, including
beverage and dessert. Ask for the bill and discuss how you will pay.

_____

_____

_____

_____

_____

_____

_____

_____

_____

_____

_____

_____

LECCIÓN 10 Workbook Activities

A. Fill in the blanks with the missing infinitive or past participle of each verb.

1. vendar: _____
2. _____ : hablado
3. hacer: _____
4. _____ : recibido
5. escribir: _____
6. _____ : comido
7. morir: _____
8. _____ : dicho

9. abrir: _____
10. _____ : roto
11. volver: _____
12. _____ : cerrado
13. poner: _____
14. _____ : bebido
15. ver: _____
16. _____ : leído

B. Complete the following sentences with the Spanish equivalent of the words in parentheses.

1. El seguro médico está _____ . (*paid*)
2. Tengo el brazo _____ . (*broken*)
3. Las recetas están _____ en inglés. (*written*)
4. La herida está _____ . (*bandaged*)
5. Las radiografías no están _____ . (*made*)
6. Tiene la pierna _____ . (*in a cast*)
7. La farmacia está _____ . (*open*)
8. Los hombres están _____ . (*dead*)
9. La enfermera está _____ . (*asleep*)
10. La sala de rayos X está _____ . (*closed*)

C. Rewrite the following sentences to say what *has taken place*.

1. Marisol se cae.

_____

2. Se rompe una pierna.

_____

3. La llevan al hospital en una ambulancia.

_____

4. El médico la ve y le dice que le van a hacer una radiografía.

_____

5. La enfermera la lleva a la sala de rayos X.

_____

6. Le hacen una radiografía.

_____

7. El médico le enyesa la pierna.

_____

8. El médico le pone una inyección para el dolor.

_____

9. Nosotros la llevamos a su casa.

_____

10. Yo llamo a sus padres y les digo que Marisol quiere verlos.

_____

D. Complete the following sentences with the past perfect forms of the verbs listed.

     poner   torcer   dar   tener   volver   decir   usar   traer

1. Roberto _____ un accidente.

2. Ellos lo _____ al hospital en una ambulancia.

3. El doctor me _____ que tenía la pierna rota.

4. Nosotros les _____ la receta.

5. ¿La enfermera ya te _____ la inyección?

6. ¿Uds. _____ al hospital para verlo?

7. Yo me _____ el tobillo.

8. ¿Tú _____ muletas alguna vez?

E. Say what had already happened before the other action took place. Follow the model.

MODELO: el médico llegar / yo vendarle la herida

Cuando el médico llegó yo ya le había vendado la herida.

1. yo llamar / la ambulancia venir

_____

2. ella tener el accidente / nosotros pagar el seguro médico

_____

92   Lección 10, Workbook

3. él llamar al médico / tú ir al hospital

_____

4. la enfermera venir / yo salir del hospital

_____

5. yo llegar / los niños acostarse

_____

F. Complete the chart below with formal command forms.

Infinitive	Command	
	Ud. form	*Uds.* form
1. comprar	compre	compren
2. dejar		
3. comer	coma	
4. beber		
5. escribir	escriba	escriban
6. abrir		
7. venir	venga	vengan
8. poner		
9. comenzar	comience	comiencen
10. atender		
11. recordar	recuerde	recuerden
12. volver		
13. pedir	pida	pidan
14. servir		
15. ir	vaya	
16. ser		sean
17. estar	esté	

G. Use the list below to write commands about what to do or not to do with the elements given.

MODELO: llamarlo / el médico

el médico: llámelo

pagarlo	no ponérsela ahora
vendarla	pedirlo para el lunes
no tomarlas por la noche	enyesarla
usarlas para caminar	dársela al médico; no dejarla en el escritorio

1. la herida: _____

2. las muletas: _____

3. las pastillas: _____

4. el seguro médico: _____

5. la radiografía: _____

6. la inyección: _____

7. la pierna rota: _____

8. el turno: _____

H. Crucigrama

HORIZONTAL

5. parecer: yo _____ (*pres.*)

8. Si hay un accidente, llamamos una _____ .

10. Se rompió la pierna. Se la van a _____ .

11. ómnibus

12. Se rompió el brazo. Tiene el brazo _____ .

13. Tenemos diez en las manos.

15. Se rompió una pierna. Tiene una _____ .

18. La muñeca es parte del _____ .

20. Le van a poner una _____ de penicilina.

23. El _____ está en el pecho.

26. Tuvo un accidente. Lo llevaron a la sala de _____ .

VERTICAL

1. Los ojos y la nariz son parte de la _____ .

2. No voy en coche: prefiero _____ .

3. perder el conocimiento

4. La lengua está en la _____ .

6. El coche paró. Ahora está _____ .

7. Me rompí la pierna y ahora necesito usar _____ .

9. Le voy a _____ la herida.

10. Se cayó en la _____ de su casa.

14. Lo llevaron a la sala de _____ X.

16. Me torcí el _____ .

17. Necesitamos una _____ para ver si hay fractura.

19. coche

21. *back*, en español

22. La _____ es parte de la pierna.

24. No tengo _____ médico.

25. El médico le va a _____ una medicina.

27. Cuando me duele el _____ tomo Pepto-Bismol.

I. **¿Qué dice aquí?** Read the ad, and then answer the questions based on the information provided.

HOSPITAL SAN LUCAS

UN CENTRO MÉDICO PARA EL CUIDADO DE LA SALUD DE TODA SU FAMILIA

* *Medicina general*   * *Análisis*   * *Rayos X*

* *Laboratorio*   * *Farmacia*

Médicos especialistas:

* Cirujanos   * Cardiólogos   *Pediatras

* Ortopédicos   * Ginecólogos

Servicio de ambulancias las 24 horas del día

Sala de emergencia totalmente equipada

Servicio de enfermeras a domicilio

ACEPTAMOS TODO TIPO DE SEGUROS

*Teléfonos: 67-75-89   *   67-54-39*

Avenida Valdivia No. 578

Amplio espacio de estacionamiento

1. ¿Cómo se llama el hospital?

_____

2. ¿Dónde está situado?

_____

3. ¿A qué especialistas puedo ver en el hospital?

_____

4. Si necesito análisis o radiografías, ¿puedo hacérmelos en el hospital? ¿Por qué?

_____

5. Si tengo un accidente, ¿puedo ir al hospital? ¿Por qué?

_____

6. ¿Cómo pueden transportarme al hospital en caso de accidentes?

_____

7. Mi seguro es de accidentes de trabajo. ¿Lo aceptan en el hospital? ¿Cómo lo sabe Ud.?

_____

8. Si necesito el cuidado de una enfermera en mi casa, ¿puedo obtenerlo a través del hospital?

_____

9. Si necesito estacionar (*park*) mi coche en el hospital, ¿voy a tener problemas?

_____

10. Si necesito alguno de los servicios del hospital, ¿a qué teléfono debo de llamar?

_____

Para leer

Read the following letter, and then answer the questions.

Querida Marta:

Lo siento mucho, pero no voy a poder ir con Uds. a la playa este fin de semana porque ayer tuve un accidente. Me caí en la escalera y me fracturé una pierna.

Yo creía que sólo tenía torcido el tobillo, pero como me dolía mucho decidí ir al hospital. Cuando llegué allí, me llevaron a la sala de rayos X donde me hicieron varias radiografías. El médico me dijo que tenía la pierna rota. Ahora voy a tener que usar muletas por tres semanas para poder caminar.

¿Vas a venir a visitarme? Espero° verte pronto.°   *I hope / soon*

Cariños° para todos,   *love*

Isabel

¡Conteste!

1. ¿A quién le escribe Isabel?

   _____

2. ¿Por qué no va a poder ir a la playa Isabel?

   _____

   _____

3. ¿Dónde se cayó Isabel?

   _____

4. ¿Qué le pasó?

   _____

5. ¿Qué pensaba Isabel que tenía?

   _____

6. ¿Adónde llevaron a Isabel para hacerle las radiografías?

   _____

   _____

7. ¿Qué supo el médico al ver las radiografías?

   _____

8. ¿Qué va a tener que usar Isabel para caminar?

   _____

9. ¿Por cuánto tiempo va a tener que usarlas?

   _____

10. ¿A quién espera ver pronto Isabel?

   _____

▣ **Para escribir**

You have now used a variety of tenses in Spanish. When writing, you have think time to select the appropriate tense to use. Remember as you complete the writing assignment that the preterit is used to express completed actions in the past, the imperfect is used for background information and actions in progress, and the perfect tenses are used much as in English. Check your work after writing to be sure that you have used the correct tense and form.

Write a brief dialogue between you and a friend who had invited you to a party. Explain that you couldn't make it because you had an accident. Tell him/her what happened. Say where you were and what you were doing when the accident happened. Talk about what took place at the hospital.

_____

_____

_____

_____

_____

_____

_____

_____

_____

_____

LECCIÓN 11 Workbook Activities

A. Complete the following chart as a review of the present subjunctive forms.

Infinitive	yo	tú	Ud., él, ella	nosotros(as)	Uds., ellos, ellas
1. bajar	baje	bajes	baje	bajemos	bajen
2. esperar					
3. deber	deba	debas	deba	debamos	deban
4. beber					
5. abrir	abra	abras	abra	abramos	abran
6. recibir					
7. hacer	haga				
8. decir		digas			
9. cerrar			cierre		
10. volver				volvamos	
11. sugerir					sugieran
12. dormir				durmamos	
13. sentir					sientan
14. comenzar	comience				
15. empezar					
16. dar		des			
17. estar			esté		
18. ir				vayamos	
19. ser					sean
20. saber	sepa				

B. Complete the chart with the Spanish equivalent of the English sentences.

English	Subject	Verb	*que*	Subject of Subordinate Clause	Verb in the Subjunctive
1. He wants me to speak.	Él	quiere	que	yo	hable.
2. I want you to learn.				tú	
3. You want him to go out.	Tú				
4. She wants us to drink.					bebamos.
5. We want her to come.				ella	
6. You want them to read.	Uds.				
7. They (*m.*) want you to get better.				Uds.	
8. You want us to study.	Uds.				
9. They (*m.*) want us to write.					escribamos.
10. He wants us to sleep.	Él				
11. I want you to wait.				tú	
12. They (*f.*) want you to begin.				Uds.	
13. She wants him to work.					
14. We want them (*f.*) to go.					

C. Rewrite each of the following sentences, beginning with the phrase provided.

MODELO: Ella llama la ambulancia.

Quiero que...

Quiero que ella llame la ambulancia.

1. Nosotros le ponemos gotas.

   No quieren que _____ .

2. Ellos van a la sala de emergencia.

   Deseamos que _____ .

3. Él pide la receta.

   Dígale a él que _____ .

4. Tú traes el jarabe.

Te sugiero que _____ .

5. Ella es su médica.

Él quiere que _____ .

6. ¿Yo compro las pastillas?

¿Tú quieres que _____ ?

7. Ud. toma penicilina.

Yo le aconsejo a Ud. que _____ .

8. Uds. están en el consultorio a las cinco.

Papá sugiere que _____ .

D. Rewrite each sentence, beginning with the phrase provided.

MODELO: Tienen fiebre

Espero que no...

Espero que no tengan fiebre.

1. Tiene pulmonía.

Temo que _____ .

2. Ellos no son alérgicos a la penicilina.

Me alegro de que no _____ .

3. Tú tienes una infección en el oído.

Siento que _____ .

4. Tenemos que recetarles penicilina.

Temo que _____ .

5. Elsa se siente bien.

Espero que _____ .

6. María y yo podemos ir pronto.

Esperan que _____ .

7. Ud. tiene gripe.

Me alegro de que Ud. no _____ .

8. El doctor lo examina.

El espera que _____ .

9. Ellos no vuelven pronto.

   Temo que _____ .

10. Yo les traigo las curitas.

    Esperan que _____ .

E. Complete the following sentences, using the present subjunctive or the infinitive of the verbs given.

1. Yo espero _____ (poder) ir a la farmacia hoy porque mi mamá quiere

    que le _____ (comprar) unas gotas.

2. Temo que el médico no _____ (poder) examinarla.

3. Ojalá que ella _____ (mejorarse) pronto.

4. Quiero que el médico me _____ (recetar) algo para el dolor de garganta.

5. Ellos no quieren _____ (ir) a la farmacia ahora, pero yo necesito que

    _____ (ir).

6. Yo te sugiero que _____ (esperar) aquí.

7. Me alegro de _____ (poder) ir a verla. Espero que _____
    (estar) mejor.

8. Yo les aconsejo que _____ (comprar) un jarabe para la tos.

F. **Crucigrama**

HORIZONTAL

3. Lo necesito para la tos.

5. catarro

6. Es más serio que la gripe; es _____ .

8. Tiene _____ ; tiene una temperatura de 103 grados.

10. muy temprano por la mañana

12. La leche tiene _____ D.

15. La penicilina es un _____ .

16. Si tiene problemas con el corazón necesita ver un _____ .

19. opuesto de **barato**

21. Necesito _____ para la nariz.

22. doctor de niños

25. lo que escribe el doctor

VERTICAL

1. *soon*, en español

2. tener miedo

4. serio

7. lo que uno toma cuando está muy nervioso

9. Estoy enfermo; me siento _____ .

11. Tengo que ir al _____ . Necesito una operación.

13. Lo tomo cuando tengo acidez en el estómago.

14. Lo tomo para el dolor.

17. No veo bien. Necesito ir al _____ .

18. *I hope*, en español

20. No puedo hablar porque tengo dolor de _____ .

23. Está _____ . Va a tener el bebé (*baby*) en enero.

24. Tomo _____ cuando tengo dolor de cabeza.

Name _____ Section _____ Date _____

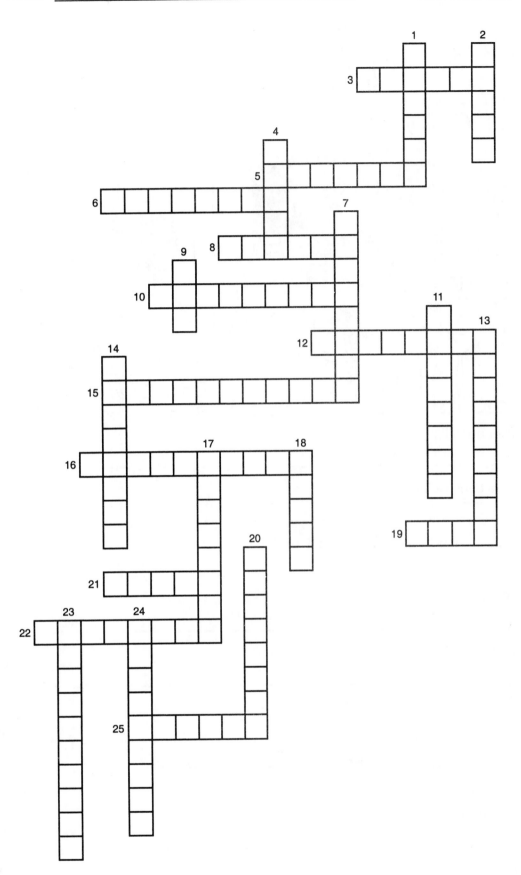

G. **¿Qué pasa aquí?** Look at the illustration and answer the following questions.

1. ¿Qué problema tiene Delia?

_____

2. ¿Qué temperatura tiene Delia?

_____

3. ¿Qué va a tener que tomar Delia para bajar la fiebre?

_____

4. ¿Qué no quiere Delia que haga el médico?

_____

5. ¿Qué le duele a Alberto?

_____

6. ¿Qué quiere Alberto que le recete el médico?

_____

7. ¿Qué cree Ud. que el médico le va a recetar para la infección de los oídos?

_____

8. ¿Adónde lleva la enfermera a José?

_____

9. ¿Qué le van a hacer a José?

_____

10. ¿Quién está embarazada?

_____

11. ¿A qué medicina es alérgica Sara?

_____

12. ¿Qué le duele a Marcos?

_____

13. ¿Qué puede tomar Marcos para el dolor de cabeza?

_____

14. ¿Dónde están todos estos pacientes?

_____

Para leer

Read the following diary excerpts, and then answer the questions.

Del diario de Rosaura

24 de septiembre

Anoche me sentí muy mal toda la noche. Me dolían mucho los oídos y la cabeza y tenía mucha fiebre. Tomé dos aspirinas y me acosté.

Hoy me levanté muy temprano y, como todavía° tengo fiebre, voy a ir al médico.

still

25 de septiembre

Ayer fui al médico; me examinó y me dijo que tenía una infección en los oídos y que por eso me dolían tanto. Me recetó penicilina; menos mal° que yo no soy alérgica a ninguna medicina. También me recetó unas gotas para el dolor de oídos.

thank goodness

No pude comprar las medicinas porque ya eran más de las ocho cuando salí del consultorio y las farmacias cierran a las ocho.

¡Conteste!

1. ¿Cómo se sintió Rosaura toda la noche?

   _____

2. ¿Qué le dolía a Rosaura?

   _____

3. ¿Qué tomó Rosaura para la fiebre?

   _____

4. ¿Por qué va a ir ella al médico?

   _____

5. ¿Qué le dijo el médico después de examinarla?

   _____

6. ¿Por qué le dolían tanto los oídos a Rosaura?

   _____

7. ¿A qué medicinas es alérgica Rosaura?

   _____

8. ¿Qué le recetó el doctor a Rosaura para la infección? ¿Para el dolor de oídos?

   _____

9. ¿Qué hora era cuando Rosaura salió del consultorio del médico?

   _____

10. ¿A qué hora cierran las farmacias?

    _____

▣ Para escribir

When you write a more formal note or letter, use the following salutation and closing. Also, remember to address the person you are writing to as **Ud.**

Estimado(a) señor(a)/profesor(a) + *name:*   *Dear . . .*
Atentamente,   *Sincerely,*

You have to miss an exam because you are sick. Write a note to your professor, explaining your reasons for missing the exam. Say what your symptoms are and what you are doing about your sickness. Be convincing! Also, be sure to ask when you can take the exam.

_____

_____

_____

_____

_____

_____

_____

_____

_____

_____

LECCIÓN 12 Workbook Activities

A. Look at the pictures and complete each sentence using either the indicative or the subjunctive.

1. Vamos a _____

   donde _____

   _____

2. ¿Hay algún _____

   donde _____

   _____?

3. Tengo una empleada que

   _____

   _____

4. Necesito un empleado

   _____

   _____

5. Tengo una amiga que

   _____

   _____

6. No conozco a nadie que

   _____

   _____

B. Complete the following sentences, using the Spanish equivalent of the words in parentheses.

1. —¿Hay alguien que _____ reservar los pasajes? (*can*)

   —Sí, yo conozco a una chica que _____ en una agencia de viajes. (*works*)

2. —¿Hay algún vuelo a Quito que _____ mañana por la mañana? (*leaves*)

   —No, pero hay uno que _____ mañana por la tarde.   (*leaves*)

3. —Necesito unos folletos que _____ información sobre Buenos Aires. (*have*)

   —Yo tengo varios folletos que _____ información sobre Argentina.   (*have*)

4. —Queremos una excursión que _____ el hotel.   (*includes*)

   —Hay muchas excursiones que _____ el hotel.   (*include*)

5. —¿Hay alguien aquí que _____ de Venezuela?   (*is*)

   —Sí, hay dos chicas que _____ de Caracas.   (*are*)

C. Answer the following questions, using the cues provided. Pay special attention to the use of the present indicative or the present subjunctive.

1. ¿Hay alguien en su familia que conozca Colombia?   (no, nadie)

   _____

2. ¿Conoce Ud. a alguien que sea de México?   (sí, a dos chicas)

   _____

3. ¿Hay alguien en la clase que sea de Perú?   (no, nadie)

   _____

4. ¿Necesita Ud. un empleado que hable español?   (no, yo tengo un empleado)

   _____

5. ¿Hay algo que yo pueda hacer por Ud.?   (no, no hay nada)

   _____

D. Complete the chart below with the familiar **tú** command forms.

Infinitive	Affirmative Command	Negative Command
1. viajar		
2. comer		
3. escribir		
4. hacerlo		
5. venir		
6. bañarse		
7. vestirse		
8. dormirse		
9. ponerlo		
10. ir		
11. ser		
12. dármelas		
13. levantarse		
14. tener		
15. salir		
16. decírselo		

E. Complete the following dialogue with the **tú** command forms of the verbs listed. Some verbs may be used more than once.

decirle   ponerle   ir   hacer   traerme   venir   llamar   preguntar

Ana   —Rosa, ¿qué quieres que haga?

Rosa   —_____ a la agencia de viajes y _____ unos folletos sobre

excursiones a Río. _____ si hay excursiones que incluyan el hotel.

Ana   —¿A qué hora vengo mañana?

Rosa   —_____ a las tres. Ah, y _____ a Carlos esta tarde.

Ana   —¿Qué le digo?

Rosa —_____ que necesito sus maletas, pero no _____

que tú vas a viajar conmigo.

Ana —¿Hago algo para comer?

Rosa —Sí, _____ una ensalada. _____ aceite, pero no

_____ vinagre.

F. Complete the following sentences, using the prepositions **a, de,** and **en**.

1. Voy _____ llevar _____ mi hijo _____ casa de Jorge, que le va _____

   enseñar _____ manejar. Tenemos que estar _____ su casa _____ las tres

   _____ la tarde.

2. Ayer conocí _____ la hermana _____ Raúl. Es una chica muy simpática.

   Es morena, _____ ojos verdes, y Raúl dice que ella es la más inteligente _____

   la familia.

3. Las vacaciones pasadas mis hermanos fueron a México. Fueron _____ tren y

   siempre están hablando _____ su viaje.

4. Ayer llevé _____ mi perro _____ la veterinaria, pero ella no estaba _____

   su consultorio. Cuando llegué _____ casa la llamé por teléfono.

G. **Crucigrama**

HORIZONTAL

1. maleta pequeña

4. Quiero un asiento de _____ .

7. Necesito _____ para viajar a Perú.

9. Viajar entre _____ es más barato que viajar el domingo.

10. Le deseo _____ viaje.

11. Voy a la _____ de viajes para comprar un pasaje.

12. Los aviones salen del _____ .

14. ¿El precio de la excursión _____ el hotel?

15. Quiero un billete de ida y _____ .

17. No va a viajar sola. Va a viajar _____ .

23. Vamos a hacer un _____ por el Caribe.

24. La puerta de _____ es la número 2.

25. No podemos _____ de vacaciones este verano.

27. Quiero un _____ en la sección de no fumar.

28. ir de vacaciones en el verano

VERTICAL

1. El agente nos _____ los folletos.

2. verbo: viajar; nombre: _____

3. Aquí tiene los _____ para su equipaje.

5. ¡Vamos! Es la última _____ para el vuelo 208.

6. Los norteamericanos no necesitan _____ para viajar a Canadá.

8. opuesto de **confirmar**

9. Los pasajeros deben _____ al avión ahora.

11. Delta y American son dos _____ .

13. billete

16. El vuelo no es directo. Hace _____ .

114 Lección 12, Workbook

18. persona que viaja en un avión, en un tren, etc.

19. Salen hoy y van a regresar _____ de diez días.

20. Tiene muchas maletas. Debe pagar _____ de equipaje.

21. No hay problema. Todo está en _____ .

22. Estamos en la _____ de espera.

26. Le damos la _____ de embarque a la auxiliar de vuelo.

H. **¿Qué dice aquí?** Answer the following questions based on the ad.

1. ¿Cómo se llama la aerolínea que vuela a Santo Domingo?

   _____

2. ¿Cuántos vuelos diarios de Miami a Santo Domingo tiene la aerolínea?

   _____

3. ¿A qué lugar tiene la compañía dos vuelos semanales?

   _____

4. ¿Cómo es el servicio que ofrece la compañía?

   _____

5. ¿Qué reciben los pasajeros que vuelan con APA?

   _____

6. ¿Cuánto cuesta el pasaje a Santo Domingo?

   _____

7. ¿Qué debo hacer si quiero reservar pasaje en esta aerolínea?

_____

8. ¿A qué número de teléfono debo llamar para hacer la reservación?

_____

◨ Para leer

Read the following advertisement, and then answer the questions.

AMERITUR: ¡Visite el sur de España con nosotros!

    Nuestras excursiones son las más completas y baratas. Nadie le da mejores precios° que Ameritur.

    El pasaje en avión, el hotel y la transportación en España están incluidos en el precio.°

    Tenemos varios tipos de excursiones: en primera clase o en clase turista. Si viaja entre semana Ud. recibe un descuento de un cinco por ciento en el precio del pasaje.

    No pierda° la oportunidad de conocer los lugares más interesantes de España. Queremos que visite Granada, Sevilla, Córdoba y la hermosa playa de Marbella.

    Pida informes a su agencia de viajes, o llame a nuestro teléfono, 976-5409, si quiere que le enviemos folletos sobre nuestras excursiones.

    ¡Lo esperamos!

better prices

price

miss

¡Conteste!

1. ¿Cómo son las excursiones de Ameritur?

_____

2. ¿Quién da mejores precios que Ameritur?

_____

3. ¿Qué cosas están incluidas en el precio de la excursión?

_____

_____

4. ¿Tiene Ameritur un solo tipo de excursión?

_____

_____

5. ¿Cuándo es más barato viajar con Ameritur?

_____

6. ¿Qué descuento recibe Ud. si viaja entre semana?

_____

7. ¿Qué lugares del sur de España voy a visitar si viajo con Ameritur?

_____

_____

8. ¿Dónde puedo pedir informes sobre las excursiones?

_____

9. ¿Qué debo hacer si deseo recibir folletos sobre las excursiones de Ameritur?

_____

_____

Para escribir

Write a dialogue between you and a travel agent. Say what kind of ticket you want; ask about prices, documents needed, flights, and hotel accommodations. Reserve a seat. Review what you learned in Lesson 6 about courtesy expressions, and remember to address the travel agent using the **Ud.** form.

_____

_____

_____

_____

_____

_____

_____

_____

_____

_____

LECCIÓN 13 Workbook Activities

A. Rewrite each of the following sentences, beginning with the phrase provided.

1. Es verdad que debo desocupar el cuarto a las doce.

   No es verdad _____ .

2. No creemos que ése sea el precio.

   Creemos _____ .

3. Es cierto que el cuarto tiene aire acondicionado.

   No es cierto _____ .

4. Creo que el baño tiene ducha y bañadera.

   No creo _____ .

5. No es verdad que el hotel tenga servicio de habitación.

   Es verdad _____ .

6. No es cierto que él esté muerto.

   Es cierto _____ .

7. Estoy seguro de que sirven el desayuno en el cuarto.

   No estoy seguro _____ .

8. No dudo que el precio incluye desayuno, almuerzo y cena.

   Dudo _____ .

9. Está seguro de que nosotros podemos volver para agosto.

   Duda _____ .

10. Es verdad que nosotros conseguimos periódicos en español.

    No es verdad _____ .

B. Rewrite each of the following sentences, beginning with the word or phrase provided.

MODELO: Todos los días, en cuanto llego a casa, llamo a Marta.

Mañana, *en cuanto llegue a casa, voy a llamar a Marta.*

1. Cuando viene el dueño, me da la llave.

   Esta noche, _____ .

2. Siempre lo esperamos hasta que llega.

   Lo vamos a esperar _____ .

3. Ayer ella me sirvió el almuerzo en cuanto llegué.

   Mañana _____ .

4. La semana pasada, Roberto compró los libros tan pronto como recibió el dinero.

   La semana próxima, _____ .

5. Anoche ella me habló en cuanto me vio.

   Esta noche _____ .

6. Todos los días, Teresa se va a su casa en cuanto termina.

   Mañana _____ .

C. Use the subjunctive after the expressions **a menos que, antes de que, para que,** and **con tal que** to complete the following sentences.

1. Vamos a pedir arroz a menos que tú (querer) _____ biftec.

   él (preferir) _____ pollo.

   Uds. (desear) _____ sopa.

2. Voy a poner la calefacción antes de que él (llegar) _____ .

   ellos (venir) _____ .

   tú (salir) _____ .

3. Van a comprar los libros para que yo (poder) _____ estudiar.

   nosotros (leerlos) _____ .

   ella (tenerlos) _____ .

4. Yo puedo estar allí a las diez con tal que Uds. (llevarme) _____ .

   tú (venir) _____ temprano.

   él (traer) _____ el coche.

D. Complete the following sentences, using the present indicative or the present subjunctive of the verbs given.

1. Es verdad que este hotel _____ (ser) caro, pero no es verdad que

   _____ (ser) el mejor de la ciudad.

2. Yo no dudo que Jorge _____ (tener) mucho dinero, pero no creo

   que _____ (tener) un millón de dólares.

3. Tenemos que ir a cenar a un restaurante, a menos que el hotel _____
   (tener) servicio de habitación.

4. Cuando tú _____ (ver) al gerente, dile que necesitamos la llave.

5. Todos los días llamo a mi amiga en cuanto _____ (llegar) a mi casa.

6. Dudo que ellos _____ (servir) la comida a esta hora. Creo que el

   restaurante ya _____ (estar) cerrado.

7. Yo te voy a dar su número de teléfono para que tú lo _____ (llamar).

8. Cuando nosotros _____ (ir) a su casa, siempre nos quedamos hasta
   las diez.

9. No podemos desocupar el cuarto antes de que los niños _____
   (despertarse).

10. Siempre cenamos tan pronto como _____ (llegar) a casa.

E. Answer each of the following questions, using the first-person plural command and the cue provided. Substitute direct object pronouns for the direct object where possible.

MODELO: —¿Qué comemos? (biftec)

   —*Comamos biftec.*

1. ¿Por cuánto tiempo nos quedamos en México? (dos semanas)

   _____

2. ¿En qué hotel nos hospedamos? (en el Hilton)

   _____

3. ¿Con quién hablamos? (con el dueño)

   _____

4. ¿Comemos en el cuarto o en el restaurante? (en el cuarto)

   _____

5. ¿A quién le pedimos la llave? (al gerente)

   _____

6. ¿Dónde dejamos las joyas?   (en la caja de seguridad)

_____

7. ¿A qué hora nos acostamos esta noche?   (temprano)

_____

8. ¿A qué hora nos levantamos mañana?   (tarde)

_____

9. ¿Adónde vamos?   (a la tienda)

_____

10. ¿Qué compramos?   (ropa)

_____

F.   **Crucigrama**

HORIZONTAL

1. hace mucho frío, pero la casa tiene _____ .

2. En el verano no hay muchos cuartos
   _____ .

6. El _____ es 25 pesos.

7. cuarto

9. La necesitamos para abrir la puerta.

11. las doce del día

12. *Life, Newsweek, People*, etc.

15. comida del mediodía

17. propietario

19. En el hotel, tiene que firmar el _____ .

20. Ponen las joyas en la caja de _____ .

21. ¿En qué hotel te vas a _____ ?

23. El baño tiene bañadera y _____ .

24. La casa tiene aire _____ .

25. El crucero va por el Caribe.

VERTICAL

1. Tiene agua fría y agua _____ .

3. *occupied*, en español

4. Queremos una cama _____ .

5. sesenta minutos

8. lo que vemos en el cine

10. ascensor

13. *soon*, en español

14. en un hotel, el hombre que lleva las maletas al cuarto

16. cuarto donde se come

18. comida de la mañana

22. Allí nadamos.

Name _____ Section _____ Date _____

G. **¿Qué pasa aquí?** Look at the illustration and answer the following questions.

1. ¿Adónde va Héctor para comprar el pasaje?

_____

2. ¿A qué ciudad quiere viajar?

_____

3. ¿Qué día quiere viajar?

_____

4. ¿Quiere un pasaje de ida o de ida y vuelta?

_____

5. ¿Qué asiento reserva?

_____

6. ¿En qué sección reserva el asiento?

_____

7. La excursión que toma Héctor, ¿incluye el hotel?

_____

8. ¿Héctor se hospeda en un hotel o en una pensión?

_____

9. ¿Qué tiene el cuarto? ¿Qué no tiene?

_____

10. ¿Cuánto cobran por noche en el hotel Inca?

_____

11. ¿Cuántas semanas va a estar Héctor en Lima?

_____

12. ¿Héctor tuvo que pagar exceso de equipaje? (¿Por qué o por qué no?)

_____

Para leer

Read the following ads, and then answer the questions.

DE LA SECCIÓN DE ANUNCIOS° *Ads*

HOTEL FIESTA

Habitaciones con vista al mar, todas con aire acondicionado y baño privado.

Dos personas en una habitación pagan solamente 3.200 pesos. Cada persona adicional paga 1.000 pesos.

El hotel tiene un magnífico restaurante donde se sirve comida mexicana, italiana y francesa.

¡Visítenos en sus próximas vacaciones!

PENSIÓN RIVAS

¿No quiere gastar mucho dinero, pero desea estar cerca de la playa? ¡Venga a la Pensión Rivas!

Nuestros cuartos son grandes y cómodos° y sólo cobramos 3.000 pesos por persona. El precio incluye todas las comidas: desayuno, almuerzo y cena.

comfortable

¡Conteste!

1. ¿Cree Ud. que el hotel Fiesta está en la playa? ¿Por qué?

   _____

2. Voy a alquilar una habitación en el hotel Fiesta. ¿Voy a tener calor? ¿Por qué?

   _____

3. ¿Cuánto cobran en el hotel por dos personas?

   _____

4. Voy al hotel con mi esposa y mis dos hijos. ¿Cuánto debo pagar por los niños?

   _____

5. ¿Cuánto vamos a pagar en total?

   _____

6. Me gusta la comida mexicana. ¿Puedo comerla en el hotel Fiesta?

   _____

7. ¿Sirven comida internacional en el hotel?

   _____

8. ¿Cuál es más barato, el hotel Fiesta o la pensión Rivas?

   _____

9. ¿Cuánto paga una persona en la Pensión Rivas?

   _____

10. ¿Cuánto debo pagar extra por las comidas en la Pensión Rivas?

    _____

▣ **Para escribir**

When writing a narrative of any type, it is important to make your sentences sound natural. Too many short sentences can sound choppy. You can avoid this by linking your ideas to create longer sentences. Some useful linking words are:

y   pero   también   además   porque

You are staying at a hotel in Santiago, Chile. Write a short letter to your parents, telling them about the hotel where you are staying. Tell them about accommodations, prices, and what you like about the hotel, including your room. Tell them how long you plan to stay. Remember what you have learned about letter writing.

_____

_____

_____

_____

_____

_____

_____

_____

_____

_____

_____

LECCIÓN 14 Workbook Activities

A. Complete the chart below with verb forms in the future tense.

Infinitive	*yo*	*tú*	*Ud., él, ella*	*nosotros(as)*	*Uds., ellos, ellas*
1. ayudar					
2. decir	diré				
3. hacer		harás			
4. querer			querrá		
5. saber				sabremos	
6. poder					podrán
7. salir	saldré				
8. poner		pondrás			
9. venir			vendrá		
10. tener				tendremos	
11. ir					irán

B. Answer each of the following questions, using the cue provided and the future tense of the verb.

MODELO: ¿Cuándo vas a bañar al perro? (por la tarde)

Bañaré al perro por la tarde.

1. ¿Cuándo van a poder ellos cortar el césped? (mañana)

_____

2. ¿Cuándo va a barrer la cocina la criada? (ahora)

_____

3. ¿Cuándo vas a llevar a arreglar el coche? (este fin de semana)

_____

4. ¿Qué van a hacer Uds. para el almuerzo?   (una ensalada)

_____

5. ¿Dónde van a poner Uds. las flores?   (en el florero)

_____

6. ¿Con quién van a venir las chicas?   (con Ernesto)

_____

7. ¿A qué hora va a salir Carlos?   (a las nueve)

_____

8. ¿Cuándo lo voy a saber?   (mañana)

_____

9. ¿A quién se lo van a decir Uds.?   (a nadie)

_____

10. ¿Cuándo vas a ir a la playa?   (el domingo)

_____

C. Complete the following sentences, using the conditional tense of the verbs listed.

pasar	sacar
darse	poder
abrir	ir
poner	lavar
saber	ayudar

1. Yo no _____ las sábanas ni las fundas ahora.

2. Ella te _____ a poner la mesa, pero no tiene tiempo.

3. ¿Tú le _____ tanta sal y pimienta a la carne?

4. Nosotros no _____ a la fiesta con él.

5. ¿Ud. _____ la aspiradora?

6. ¿ _____ Uds. volver dentro de media hora?

7. ¿Tú _____ la basura ahora?

8. Entonces nosotros _____ prisa.

9. ¿Pepe está tocando a la puerta? ¡Yo no le _____ !

10. Ellos no _____ qué hacer.

Name _____ Section _____ Date _____

D. The following is what Luis plans to do, but nobody agrees with him. Say what everybody else would do, using the cues provided.

1. Luis piensa cortar el césped hoy.   (yo / mañana)

_____

2. Luis piensa ir al taller de mecánica esta tarde.   (tú / el sábado)

_____

3. Luis piensa barrer la cocina.   (Ester / el garaje)

_____

4. Luis piensa lavar hoy.   (ellos / planchar)

_____

5. Luis piensa salir a las ocho.   (nosotros / a las diez)

_____

6. Luis piensa poner el dinero en el Banco Nacional.   (Ud. / Banco Santander)

_____

7. Luis piensa venir el domingo.   (Uds. / el sábado)

_____

E. Complete the following sentences with the Spanish equivalent of the verbs in parentheses and the appropriate prepositions.

1. Ana _____ (*fell in love with*) Carlos cuando tenía diez y siete años,

pero nunca _____ (*married*) él.

2. Mis padres _____ (*insist*) que salga con Raúl; pero no

_____ (*realize*) que él no es simpático.

3. ¿Cuándo vas a _____ (*get engaged to*) Teresa? Tus padres van a

_____ (*to be glad*) que ella sea tu novia.

4. Debes _____ (*to remember*) llamar a Mirta para invitarla a la fiesta.

5. _____ (*I forgot*) que la criada tenía el día libre e invité a Ernesto a comer.

6. Ella me dijo que _____ (*didn't trust him*).

7. Ellos _____ (*went in*) el museo a las diez.

8. Nosotros _____ (*agreed to*) encontrarnos en el cine a las cinco.

F. Crucigrama

1. La usamos para hacer café.

2. Voy a lavar y a _____ estos pantalones.

5. Necesito la escoba y el _____ para barrer la cocina.

6. Lavé las sábanas y las _____ .

8. La leche está fría porque está en el _____ .

11. Ya es tarde. Debo _____ prisa.

13. Friego en el _____ .

16. Los frenos del coche no _____ .

17. No lavo el suéter aquí. Lo mando a la _____ .

21. Saca la _____ que está debajo del fregadero.

22. Pusieron el coche en el _____ .

23. Hoy no trabajo. Tengo el día _____ .

24. Necesito la _____ para hacer un batido.

25. La uso para hacer papas fritas.

1. El brócoli y las _____ son vegetales.

2. Voy a bañar al _____ .

3. Llevé el coche al taller de _____ .

4. Puso las flores en el _____ .

7. ¿Puedes _____ a Rosa a preparar la cena?

9. Voy a pasarle la _____ a la alfombra.

10. Ya lavé los pantalones. Los voy a poner en la _____ .

12. Llaman a la puerta: _____ a la puerta.

14. Ponle aceite y _____ a la ensalada.

15. No tengo _____ de microondas.

17. Voy a bañarme. Necesito una _____ .

18. opuesto de **olvidarse**

19. Hago la sopa en la _____ .

20. Lavo la ropa en la _____ .

G. **¿Qué dice aquí?** Read the ad, and then answer the questions based on the information provided.

¿Viene a visitarla su suegra?
¿Viene a cenar el jefe?

¿Quiere impresionar a sus visitantes y no tiene tiempo para limpiar, cocinar y arreglar la casa?

SIRVIENTES POR HORA
Esa es la solución para su problema.

SIRVIENTES POR HORA le ofrece lo siguiente:
* Limpieza total de la casa
    Alfombra, baños, cocina
    Puertas y ventanas
    Cortinas, cristales
* Sacudimos los muebles, fregamos la loza
* Lavamos y planchamos su ropa
* Tenemos cocineros expertos y sirvientes profesionales.

Llámenos y le daremos un estimado del costo total del trabajo o, si prefiere, pague por horas.

SIRVIENTES POR HORA
Teléfono 234-5691

Esperamos su llamada de lunes a sábado de 9 a 5.

---

1. Si necesito ayuda para la limpieza de la casa, ¿a quién puedo llamar?

   _____

2. En la casa, ¿qué limpian los empleados de Sirvientes por Hora?

   _____

3. Además de limpiar, ¿que más hacen ellos?

   _____

4. ¿Pueden ellos ayudar a preparar las comidas? ¿Cómo lo sabe Ud.?

   _____

5. Si deseo tener un estimado del costo total, ¿qué debo hacer?

   _____

134   Lección 14, Workbook

6. ¿De qué otra forma puedo pagar por el trabajo?

_____

7. ¿A qué teléfono debo llamar para solicitar los sirvientes de la agencia?

_____

8. ¿Qué días y a qué horas puedo llamar?

_____

Para leer

Read the note that Mrs. Campos left for María, the girl she hired to help her on weekends. Then answer the questions.

María:

Hoy tengo una reunión° de profesores y no vendré hasta las cinco de la tarde. Por favor, haz lo siguiente.°

meeting
the following

1. Friega los platos.
2. Limpia la cocina.
3. Pasa la aspiradora.
4. Lleva mi pantalón azul a la tintorería.
5. Lava las fundas, las sábanas y las toallas, pero no las planches.
6. Baña a los niños.
7. Pon la mesa. (No te olvides de poner la sal y la pimienta en la mesa.)
8. Ve al mercado y compra pescado y vegetales.

¡Conteste!

1. María estará en la casa de la señora Campos hasta las tres y media. ¿Podrá ver a la señora Campos? ¿Por qué?

_____

2. ¿Qué hará María con los platos?

_____

3. ¿Trabajará María en la cocina?

_____

4. ¿María tendrá que lavar el pantalón azul?

_____

5. ¿Limpiarán las fundas, las sábanas y las toallas en seco?

_____

6. ¿Qué no hará María con las sábanas?

_____

7. ¿Estarán los niños en su casa o irán a la reunión con la señora Campos?

_____

8. ¿Le gusta a la señora Campos ponerle sal y pimienta a la comida? ¿Cómo lo sabe Ud.?

_____

9. ¿María irá solamente a la tintorería?

_____

10. ¿Qué comprará María?

_____

⊡ Para escribir

You and two friends share an apartment. Write a plan dividing the chores
to be done around the house. Use the future tense. Start by brainstorming
a list of chores.

Yo _____

_____

_____

_____

Amigo(a) 1 _____

_____

_____

_____

Amigo(a) 2 _____

_____

_____

_____

LECCIÓN 15 Workbook Activities

A. Complete the following chart with verb forms in the imperfect subjunctive.

Infinitive	yo	tú	Ud., él, ella	nosotros(as)	Uds., ellos, ellas
1. hablar	hablara	hablaras	hablara	habláramos	hablaran
2. cerrar	cerrara				
3. volver			volviera		volvieran
4. pedir		pidieras			pidieran
5. dormir				durmiéramos	
6. ir			fuera		fueran
7. dar				diéramos	
8. estar			estuviera		
9. decir		dijeras			dijeran
10. venir			viniera	viniéramos	
11. querer			quisiera		
12. ser	fuera				fueran
13. tener		tuvieras			
14. conducir			condujera		condujeran
15. poner		pusieras		pusiéramos	
16. hacer					hicieran
17. saber		supieras			

B. Change each sentence to describe the action in the past.

1. Quiero que vayas al mercado y compres pan.

   Quería _____ .

2. Me pide que venga y escriba las cartas.

   Me pidió _____ .

3. Nos aconseja que tomemos clases por la mañana y trabajemos por la tarde.

   Nos aconsejó _____

   _____ .

4. Te sugiero que hagas una ensalada.

   Te sugerí _____ .

5. Les digo que vuelvan temprano.

   Les dije _____ .

6. Me gusta que me hablen en español.

   Me gustaría _____ .

7. No hay nadie que lo sepa.

   No había nadie _____ .

8. ¿Hay alguien que pueda ir con Uds.?

   ¿Había alguien _____ ?

9. Yo no creo que Ana esté comprometida.

   Yo no creía _____ .

10. Yo dudo que ellos sean estudiantes.

    Yo dudaba _____ .

11. Yo me alegro de que ella quiera ir a México.

    Yo me alegré _____ .

12. Temo que no pongan el dinero en el banco.

    Temía _____ .

C. Complete the following sentences with the Spanish equivalent of the words in parentheses.

1. Yo elegiría los muebles _____ . (*if I were David*)

2. Voy a visitar a mis tíos el fin de semana _____ . (*if I have time*)

3. Yo compraría las cortinas _____ . (*if they brought them to the house*)

4. Ella habla _____ . (*as if she knew it all*)

5. _____ , compraré dos mesitas de noche. (*If I have money*)

6. _____ podríamos terminar el trabajo. (*If they were here*)

7. _____ , alquilaría un apartamento.   (*If I were to get the job*)

8. Antonio gasta dinero _____ .   (*as if he were rich*)

9. _____ , ellos no les cobrarían el depósito de limpieza.   (*If you (pl.)
painted the apartment*)

10. Ellos irán a Mallorca de luna de miel _____ .   (*if they get married in June*)

D. Crucigrama

HORIZONTAL

3. magnífico

5. Es la hija de mi madrastra. Es mi _____ .

6. Voy a _____ a mis amigos a la fiesta.

7. *to worry*, en español

9. mujer de Sevilla

10. La mamá de mi abuela es mi _____ .

11. ¡No te rías! Te lo digo en _____ .

13. mesa, silla, cama, etc.

15. Leí los anuncios _____ .

18. tíos, primos, abuelos, etc.

19. El hijo de mi nieto es mi _____ .

20. apartamento (en España)

21. Necesito una mesita de _____ .

22. El día de mi cumpleaños, recibo muchos
_____ .

23. Estamos en la _____ de estar.

25. *advantage*, en español

26. Me costó un _____ de la cara.

27. amor

VERTICAL

1. Es el esposo de mi mamá, pero no es mi
papá. Es mi _____ .

2. Están _____ para casarse.

4. parqueamos

8. Quiero verlo hoy _____ .

12. ¿Adónde van a ir de _____ de miel?

14. escogemos

15. Compré _____ para la ventana.

16. metro

17. Me gusta mucho; me _____ .

24. ¿Se vende el piso o se _____ ?

E. **¿Qué pasa aquí?** Look at the illustration and answer the following questions.

1. ¿Quiénes están comprometidos para casarse?

   _____

2. ¿A quién le gustaría invitar a todos sus parientes?

   _____

3. ¿Por qué no quiere dar Lola una recepción?

   _____

4. ¿Qué muebles necesita Silvia para su dormitorio?

   _____

5. ¿Qué compraría Silvia si tuviera dinero?

   _____

6. ¿Qué quiere Nora que le traiga Paco?

   _____

7. ¿Qué piensa hacer Hugo el sábado?

   _____

8. ¿De qué color va a pintar el cuarto?

_____

9. ¿Dónde están sentados todos?

_____

10. ¿Ud. cree que estas personas tienen el día libre o que tienen que trabajar?

_____

11. ¿Qué problema tiene el coche de Lupe?

_____

12. ¿Adónde cree Ud. que tendrá que llevarlo?

_____

▣ Para leer

Read the following letter from Marité to her friend Estela, and then answer the questions.

14 de junio

Querida Estela:

    ¡No puedo creerlo! ¡Mañana me caso! Me encantaría que pudiéramos conversar, pero como no podemos hacerlo, te escribo esta carta. Bueno, es como si estuvieras aquí conmigo... Hugo Luis y yo mandamos todas las invitaciones el mes pasado, y los dos esperábamos que tú pudieras venir a la boda.

    Mis abuelos nos dijeron que escogiéramos los muebles para el comedor, y ellos nos los compraron. Vamos a vivir en el piso de ellos hasta que ellos vuelvan de su viaje por Europa. Si tuviéramos más dinero, compraríamos una casa pero, por ahora, vamos a tener que alquilar un piso en el centro, cerca de la oficina donde trabaja Hugo Luis.

    Bueno, espero que puedas venir a visitarnos. Si Hugo Luis tiene vacaciones en septiembre, iremos a verte. ¡Escríbeme pronto!

Cariños,

Marité

¡Conteste!

1. ¿Cuál es la fecha de la boda de Hugo Luis y Marité?

   _____

2. ¿Qué le encantaría a Marité?

   _____

3. ¿Qué mandaron Hugo Luis y Marité el mes pasado?

   _____

4. ¿Qué esperaban Hugo Luis y Marité que Estela pudiera hacer?

   _____

5. ¿Qué les regalaron los abuelos de Marité?

   _____

6. ¿Dónde van a vivir Hugo Luis y Marité después de la boda?

   _____

7. ¿Hasta cuándo van a vivir allí?

   _____

8. ¿Qué harían Marité y Hugo Luis si tuvieran más dinero?

   _____

9. ¿Dónde van a alquilar un piso Marité y Hugo Luis?

   _____

10. ¿Qué harán Hugo Luis y Marité si él tiene vacaciones en septiembre?

    _____

What kind of house would you buy if a rich uncle left you a million dollars? Write a detailed description of the house you would buy, where it would be, and what furniture you would have. What else would you do with the money? Begin by brainstorming the characteristics of your house. When you write, use linking words to connect your ideas.

_____

_____

_____

_____

_____

_____

_____

_____

_____

_____

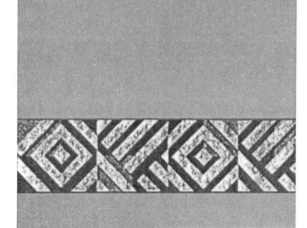

LABORATORY
ACTIVITIES

Preliminary Laboratory Activities

▣ Introduction to Spanish Sounds

Each Spanish sound will be explained briefly, and examples will be given for practice.

Pronunciation

Repeat each Spanish word after the speaker, imitating as closely as possible the correct pronunciation.

Vowels

1. **a** in Spanish sounds similar to the English *a* in *father*.

   alta casa palma Ana cama Panamá alma apagar

2. **e** is pronounced like the English *e* in the word *eight*.

   mes entre este deje eso encender teme prender

3. **i** has a sound similar to the English *ee* in the word *see*.

   fin ir sí sin dividir Trini difícil

4. **o** is similar to the English *o* in the word *no*, but without the glide.

   toco como poco roto corto corro solo loco

5. **u** is pronounced like the English *oo* sound in the word *shoot*, or the *ue* sound in the word *Sue*.

   su Lulú Úrsula cultura un luna sucursal Uruguay

Consonants

1. Spanish **p** is pronounced in a matter similar to the English *p* sound, but without the puff of air that follows after the English sound is produced.

pesca	pude	puedo	parte	papá
poste	piña	puente	Paco	

2. The Spanish **k** sound, represented by the letters **k**; **c** before **a, o, u** or a consonant (except **h**); and **qu**, is similar to the English *k* sound, but without the puff of air.

casa	comer	cuna	clima	acción	que
quinto	queso	aunque	kiosko	kilómetro	

3. Spanish **t** is produced by touching the back of the upper front teeth with the tip of the tongue. It has no puff of air as in the English *t*.

todo	antes	corto	Guatemala	diente
resto	tonto	roto	tanque	

4. The Spanish consonant **d** has two different sounds depending on its position. At the beginning of an utterance and after **n** or **l**, the tip of the tongue presses the back of the upper front teeth.

día	doma	dice	dolor	dar
anda	Aldo	caldo	el deseo	un domicilio

In all other positions the sound of **d** is similar to the *th* sound in the English word *they*, but softer.

medida	todo	nada	nadie	medio
puedo	moda	queda	nudo	

5. The Spanish consonant **g** is similar to the English *g* sound in the word *guy* except before **e** or **i**.

goma	glotón	gallo	gloria	lago	alga
gorrión	garra	guerra	angustia	algo	Dagoberto

6. The Spanish sound **j** (or **g** before **e** and **i**) is similar to a strongly exaggerated English *h* sound.

gemir	juez	jarro	gitano	agente
juego	giro	bajo	gente	

7. There is no difference in sound between Spanish **b** and **v**. Both letters are pronounced alike. At the beginning of an utterance or after **m** or **n**, **b** and **v** have a sound identical to the English *b* sound in the word *boy*.

vivir	beber	vamos	barco	enviar
hambre	batea	bueno	vestido	

When pronounced between vowels, the Spanish **b** and **v** sound is produced by bringing the lips together but not closing them, so that some air may pass through.

sábado	autobús	yo voy	su barco

8. In most countries, Spanish **ll** and **y** have a sound similar to the English *y* sound in the word *yes*.

el llavero	un yelmo	el yeso	su yunta	llama	yema
oye	trayecto	trayectoria	mayo	milla	bella

When it stands alone or is at the end of a word, Spanish **y** is pronounced like the vowel **i**.

rey	hoy	y	doy	buey	muy	voy	estoy	soy

9. The sound of Spanish **r** is similar to the English *dd* sound in the word *ladder*.

crema	aroma	cara	arena	aro
harina	toro	oro	eres	portero

10. Spanish **rr** and also **r** in an initial position and after **n**, **l**, or **s** are pronounced with a very strong trill. This trill is produced by bringing the tip of the tongue near the alveolar ridge and letting it vibrate freely while the air passes through the mouth.

rama	carro	Israel	cierra	roto
perro	alrededor	rizo	corre	Enrique

11. Spanish **s** is represented in most of the Spanish world by the letters **s**, **z**, and **c** before **e** or **i**. The sound is very similar to the English sibilant *s* in the word *sink*.

sale	sitio	presidente	signo
salsa	seda	suma	vaso
sobrino	ciudad	cima	canción
zapato	zarza	cerveza	centro

12. The letter **h** is silent in Spanish.

hoy	hora	hilo	ahora
humor	huevo	horror	almohada

13. Spanish **ch** is pronounced like the English *ch* in the word *chief*.

hecho	chico	coche	Chile
mucho	muchacho	salchicha	

14. Spanish **f** is identical in sound to the English *f*.

difícil	feo	fuego	forma
fácil	fecha	foto	fueron

15. Spanish **l** is similar to the English *l* in the word *let*.

dolor	lata	ángel	lago	sueldo
los	pelo	lana	general	fácil

16. Spanish **m** is pronounced like the English *m* in the word *mother*.

mano	moda	mucho	muy
mismo	tampoco	multa	cómoda

17. In most cases, Spanish **n** has a sound similar to the English *n*.

nada	nunca	ninguno	norte
entra	tiene	sienta	

The sound of Spanish **n** is often affected by the sounds that occur around it. When it appears before **b**, **v**, or **p**, it is pronounced like an **m**.

tan bueno	toman vino	sin poder
un pobre	comen peras	siguen bebiendo

18. Spanish **ñ** is similar to the English *ny* sound in the word *canyon*.

señor	otoño	ñoño	uña
leña	dueño	niños	años

19. Spanish **x** has two pronunciations depending on its position. Between vowels the sound is similar to English *ks*.

examen	exacto	boxeo	éxito
oxidar	oxígeno	existencia	

When it occurs before a consonant, Spanish **x** sounds like *s*.

expresión	explicar	extraer	excusa
expreso	exquisito	extremo	

When **x** appears in **México** or in other words of Mexican origin, it is pronounced like the Spanish letter **j**.

Linking

In spoken Spanish, the different words in a phrase or sentence are not pronounced as isolated elements, but are combined together. This is called *linking*.

> Pepe come pan.
> Tomás toma leche.
> Luis tiene la llave.
> La mano de Roberto

1. The final consonant of a word is pronounced together with the initial vowel of the following word.

   Carlos_anda
   un_ángel
   el_otoño
   unos_estudios_interesantes

2. A diphthong is formed between the final vowel of a word and the initial vowel of the following word. A triphthong is formed when there is a combination of three vowels.

   su_hermana
   tu_escopeta
   Roberto_y Luis
   negocio_importante
   lluvia_y nieve
   ardua_empresa

3. When the final vowel of a word and the initial vowel of the following word are identical, they are pronounced slightly longer than one vowel.

   Ana_alcanza   lo_olvido   tiene_eso   Ada_atiende

   The same rule applies when two identical vowels appear within a word.

   crees   Teherán   coordinación

4. When the final consonant of a word and the initial consonant of the following word are the same, they are pronounced like one consonant with slightly longer than normal duration.

   el_lado   tienes_sed   Carlos_salta

Laboratory Activities

I. Pronunciación

Listen and repeat the following words, paying close attention to the pronunciation of vowels. Keep the vowel sounds short and clear.

hola	día	noche	vista
¿qué?	tarde	saludos	pase
¿cómo?	mañana	hasta	tome

Now, listen and repeat the following phrases, paying close attention to the vowel sounds.

¿Qué tal?	¿Cómo estás?
Hasta mañana.	Saludos a Ana.
Nos vemos.	Hasta la vista.
¿Y tú?	por la noche

II. Diálogos: Saludos y despedidas

The dialogues will be read first without pauses. Pay close attention to the speakers' intonation and pronunciation patterns.

En el Parque de Chapultepec, en la Ciudad de México.

Por la mañana
  —Buenos días, José Luis.
  —Buenos días, Inés. ¿Cómo estás?
  —Bien, ¿y tú?
  —Muy bien, gracias. ¿Qué hay de nuevo?
  —No mucho...

Por la tarde
  —Buenas tardes, Amelia.
  —Hola, Lupe. ¿Qué tal?
  —Bien. Oye, ¿cuál es tu número de teléfono?
  —Cinco-cero-siete-cuatro-dos-nueve-ocho.

Por la noche
  —Hasta mañana, Raúl.
  —Adiós y buenas noches. Saludos a Verónica.
  —Gracias. Nos vemos.

Now the dialogues will be read with pauses for you to repeat what you hear. Imitate the speakers' intonation and pronunciation patterns.

III. Puntos para recordar

A. Say each of the acronyms you hear in Spanish. The speaker will verify your response. Repeat the correct answer. Follow the model.

MODELO: USA
u-ese-a

B. The speaker will tell you what day today is. Respond by saying what day tomorrow is. The speaker will verify your response. Repeat the correct answer. Follow the model.

MODELO: Hoy es lunes.
Mañana es martes.

C. Answer each of the addition problems you hear in Spanish. The speaker will verify your response. Repeat the correct answer. Follow the model.

MODELO: tres y dos
cinco

D. The speaker will name several objects. Say what color or colors you associate with each object. The speaker will verify your response. Repeat the correct answer. Follow the model.

MODELO: an orange
anaranjado

IV. Para escuchar y escribir

The speaker will read five sentences. Each sentence will be read twice. After the first reading, write what you have heard. After the second reading, check your work and fill in what you have missed.

1. _____
2. _____
3. _____
4. _____
5. _____

Laboratory Activities

I. Pronunciación

Listen and repeat the following words, paying close attention to the pronunciation of vowels. Remember to keep the vowel sounds short and clear.

sí	chica	cubano
no	muchacho	inglés
de	tiza	simpático
tu	clase	¿cómo?
me	alto	mapa

Now, listen and repeat the following phrases, paying close attention to the vowel sounds.

Mucho gusto.	¿De dónde eres?
El gusto es mío.	Necesito el reloj.
¿Cómo te llamas?	

II. Diálogos: El primer día de clase

The dialogues will be read first without pauses. Pay close attention to the speakers' intonation and pronunciation patterns.

En la Universidad de Puebla, en México.

La profesora Vargas habla con María Inés Vega, una alumna.

María Inés	—Buenas tardes, señora.
Profesora	—Buenas tardes, señorita. ¿Cómo se llama Ud.?
María Inés	—Me llamo María Inés Vega.
Profesora	—Mucho gusto, señorita Vega.
María Inés	—El gusto es mío.

En la clase, María Inés habla con Pedro.

Pedro	—Hola. ¿Cómo te llamas?
María Inés	—Me llamo María Inés Vega. ¿Y tú?
Pedro	—Pedro Morales.
María Inés	—¿De dónde eres, Pedro? ¿De México?
Pedro	—Sí, soy mexicano. ¿Y tú eres norteamericana?
María Inés	—No, yo soy cubana. Soy de La Habana.

Daniel habla con Sergio.

Daniel	—¿Cómo es tu nueva compañera de clase?
Sergio	—¿Ana? Es una chica alta y delgada. Es bonita, inteligente y muy simpática.
Daniel	—¿Es mexicana?
Sergio	—Sí, es de Guadalajara.

El doctor Martínez habla con los estudiantes.

Roberto	—Buenos días, profesor. ¿Cómo está Ud.?
Profesor	—Bien, ¿y Ud.?
Roberto	—Muy bien. Profesor, ¿cómo se dice "de nada" en inglés?
Profesor	—Se dice "*you're welcome*".
María	—¿Qué quiere decir "*I'm sorry*"?
Profesor	—Quiere decir "lo siento".
María	—Muchas gracias.
Profesor	—De nada. Hasta mañana.
María	—¿Hay clases mañana, profesor?
Profesor	—Sí, señorita.

Now the dialogues will be read with pauses for you to repeat what you hear. Imitate the speakers' intonation and pronunciation patterns.

III. Preguntas y respuestas

The speaker will ask several questions based on the dialogues. Answer each question, always omitting the subject. The speaker will verify your response. Repeat the correct answer.

1. ¿La profesora Vargas habla con una alumna o con un profesor?
2. ¿La alumna es María Inés Vega o María Inés Ruiz?
3. ¿María Inés habla con Juan o con Pedro?
4. ¿Pedro es norteamericano o es mexicano?
5. ¿María Inés es de México o es de La Habana?
6. ¿Ana es la compañera de clase de Daniel o de Sergio?
7. ¿Ana es de Puebla o es de Guadalajara?
8. ¿El doctor Martínez habla con los profesores o con los estudiantes?

IV. Puntos para recordar

A. Repeat each noun you hear, adding the appropriate definite article. The speaker will verify your response. Repeat the correct answer. Follow the model.

MODELO: libro / *el libro*

B. Repeat each noun you hear, adding the appropriate indefinite article. The speaker will verify your response. Repeat the correct answer. Follow the model.

MODELO: pluma / *una pluma*

C. The speaker will name a series of people and places. Using the appropriate form of the verb, say where the people are from. The speaker will verify your response. Repeat the correct answer. Follow the model.

MODELO: Ud. / California
Ud. es de California.

D. The speaker will read several sentences, and will provide a cue for each one. Substitute the cue you hear in each sentence, making all necessary changes. The speaker will verify your response. Repeat the correct answer. Follow the model.

MODELO: El hombre es cubano.   (mujeres)
Las mujeres son cubanas.

V. Díganos

The speaker will ask you some questions. Answer, using the cues provided and always omitting the subject. The speaker will verify your response. Repeat the correct answer. Follow the model.

MODELO: —¿Miguel es alto?   (sí)
—*Sí, es alto.*

VI. Ejercicios de comprensión

A. You will hear three statements about each picture. Circle the letter of the statement that best corresponds to the picture. The speaker will verify your response.

1. (a) b c   2.   a (b) c   3.   a b (c)

4.   a b c   5.   a b (c)

B. You will now hear some statements. Circle **L** if the statement is logical (**lógico**) or **I** if it is illogical (**ilógico**). The speaker will verify your response.

1. L   I   5. L   I

2. L   I   6. L   I

3. L   I   7. L   I

4. L   I   8. L   I

VII. Para escuchar y escribir

A. The speaker will dictate fifteen numbers. Each number will be repeated twice. Write them, using numerals rather than words.

1. _____   6. _____   11. _____

2. _____   7. _____   12. _____

3. _____   8. _____   13. _____

4. _____   9. _____   14. _____

5. _____   10. _____   15. _____

B. The speaker will read five sentences. Each sentence will be read twice. After the first reading, write what you have heard. After the second reading, check your work and fill in what you have missed.

1. _____

2. _____

3. _____

4. _____

5. _____

LECCIÓN 2 Laboratory Activities

I. Pronunciación

Listen and repeat the following sentences, paying attention to linking.

1. Termina_en_agosto.
2. Este semestre_estudio_historia.
3. Deseo_una botella de_agua.
4. Aquí_está_el_libro.
5. Felipe_y_Ana_hablan_inglés.
6. Necesitamos_su_horario.

II. Diálogos: ¿Qué clases tomamos?

The dialogues will be read first without pauses. Pay close attention to the speakers' intonation and pronunciation patterns.

Cuatro estudiantes de Latinoamérica hablan en la Universidad de California en Los Ángeles. Pedro habla con su amigo Jorge.

Pedro	—¿Qué asignaturas tomas este semestre, Jorge?
Jorge	—Tomo matemáticas, inglés, historia y química. ¿Y tú?
Pedro	—Yo estudio biología, física, literatura y español.
Jorge	—¿Es difícil tu clase de física?
Pedro	—No, todas mis clases son fáciles.
Jorge	—¿Tú trabajas en la cafetería?
Pedro	—No, trabajo en el laboratorio de lenguas.
Jorge	—¿Y Adela? ¿Dónde trabaja ella?
Pedro	—Ella y Susana trabajan en la biblioteca.
Jorge	—¿Cuántas horas trabajan?
Pedro	—Tres horas al día.
Jorge	—¿Trabajan en el verano?
Pedro	—No, en junio, julio y agosto no trabajan.

Elsa y Dora conversan en la cafetería.

Elsa	—¿Qué deseas tomar?
Dora	—Una taza de café. ¿Y tú?
Elsa	—Un vaso de leche.
Dora	—Oye, necesito el horario de clases.

Elsa	—Aquí está. ¿Cuántas clases tomas este semestre?
Dora	—Cuatro. A ver... ¿A qué hora es la clase de historia?
Elsa	—Es a las nueve.
Dora	—¿Qué hora es?
Elsa	—Son las ocho y media.
Dora	—¡Caramba! Me voy.
Elsa	—¿Por qué?
Dora	—Porque ya es tarde.
Elsa	—¿A qué hora terminas hoy?
Dora	—Termino a la una. Ah, ¿con quién estudias hoy?
Elsa	—Con Eva, mi compañera de cuarto.

Now the dialogues will be read with pauses for you to repeat what you hear. Imitate the speakers' intonation patterns.

III. Preguntas y respuestas

The speaker will ask several questions based on the dialogues. Answer each question, always omitting the subject. The speaker will verify your response. Repeat the correct answer.

1. ¿Pedro habla con Jorge o con Elsa?

2. ¿Jorge toma química o física?

3. ¿Pedro toma literatura o historia?

4. ¿Pedro trabaja en la cafetería o en el laboratorio de lenguas?

5. ¿Adela y Susana trabajan en la cafetería o en la biblioteca?

6. ¿Trabajan ocho horas o tres horas al día?

7. ¿Susana y Adela trabajan o no trabajan en el verano?

8. ¿Elsa desea tomar café o leche?

9. ¿La clase de historia es a las nueve o a las diez?

10. ¿Son las nueve y media o las ocho y media?

11. ¿Dora termina a las doce o a la una?

12. ¿Elsa estudia con Eva o con Dora?

IV. Puntos para recordar

A. The speaker will ask several questions. Answer each one, always choosing the first possibility. The speaker will verify your response. Repeat the correct answer. Follow the model.

MODELO: —¿Ud. habla inglés o español?
—*Hablo inglés.*

B. Answer each question you hear, using the cue provided. Pay special attention to the use of interrogative words. The speaker will verify your response. Repeat the correct answer. Follow the model.

MODELO: —¿Dónde trabajas?   (en el laboratorio de lenguas)
—*Trabajo en el laboratorio de lenguas.*

C. Answer each question you hear in the negative, always omitting the subject. The speaker will verify your response. Repeat the correct answer. Follow the model.

MODELO: —¿Elsa trabaja por la mañana?
—*No, no trabaja por la mañana.*

D. Answer each question you hear, using the cue provided. The speaker will verify your response. Repeat the correct answer. Follow the model.

MODELO: —¿De dónde es tu profesora?   (Honduras)
—*Mi profesora es de Honduras.*

E. Repeat each word you hear, adding the appropriate definite article. The speaker will verify your response. Repeat the correct answer. Follow the model.

MODELO: —universidad
—*la universidad*

F. The speaker will name a month. State the season in which the month falls. The speaker will verify your response. Repeat the correct answer. Follow the model.

MODELO: —diciembre
—*el invierno*

G. The speaker will name a day of the year. Say its date. The speaker will verify your response. Repeat the correct answer. Follow the model.

MODELO: —Veterans' Day
—*el once de noviembre*

V. Díganos

The speaker will ask you some questions. Answer them, always omitting the subject and using the cues provided. The speaker will verify your response. Repeat the correct answer. Follow the model.

MODELO: —¿Estudia Ud. por la mañana?   (por la tarde)
—*No, estudio por la tarde.*

VI. Ejercicios de comprensión

A. You will hear three statements about each picture. Circle the letter of the statement that best corresponds to the picture. The speaker will verify your response.

1.   a b c   2.   a b c   3.   a b c

4.   a b c   5.   a b c

B. You will now hear some statements. Circle **L** if the statement is logical (**lógico**) or **I** if it is illogical (**ilógico**). The speaker will verify your response.

1. L I   6. L I

2. L I   7. L I

3. L I   8. L I

4. L I   9. L I

5. L I   10. L I

Name _____ Section _____ Date _____

VII. Para escuchar y escribir

The speaker will read five sentences. Each sentence will be read twice. After the first reading, write what you have heard. After the second reading, check your work and fill in what you have missed.

1. _____
2. _____
3. _____
4. _____
5. _____

Name _____ Section _____ Date _____

I. Pronunciación

Listen and repeat the following words, paying close attention to the pronunciation of **b** and **v**.

librería	deber	bueno	hambre
novia	escribir	venir	biología
recibo	recibir	ver	
navegar	beber	también	

Now listen and repeat the following sentences, paying close attention to the pronunciation of **b** and **v**.

1. La biblioteca es buena.
2. Beben una botella de vino blanco.
3. Roberto vive bien en Nevada.
4. El jueves navego la red.
5. Verónica viene el viernes.

II. Diálogos: El día de matrícula

The dialogues will be read first without pauses. Pay close attention to the speakers' intonation and pronunciation patterns.

En una universidad en San Antonio, Texas.

Hoy es el último día para pagar la matrícula. Juan habla con la cajera.

Juan	—¿Cuánto debo pagar por cada unidad?
Cajera	—¿Es Ud. residente del estado?
Juan	—Sí, soy residente.
Cajera	—Tiene que pagar ochenta y cinco dólares por unidad.
Juan	—¿Aceptan cheques?
Cajera	—Sí, pero necesita una identificación.
Juan	—¿Mi licencia para conducir es suficiente?
Cajera	—Sí. Aquí tiene su recibo.

Juan escribe su horario de clases en su cuaderno y después decide ir a su casa para ver si tiene algún mensaje electrónico.

Como Juan y Roberto tienen mucha hambre, deciden comer en la cafetería. Al rato viene Olga, la novia de Roberto.

Roberto	—¿De dónde vienes, Olga?
Olga	—Vengo de la librería. Ya tengo todos los libros que necesito.
Juan	—¿Tú vives en la residencia universitaria?
Olga	—No, vivo en un apartamento, cerca de la universidad.
Juan	—¿Qué clases tomas este trimestre?
Olga	—Matemáticas, francés, informática y contabilidad.
Juan	—Tomas informática... ¿Te gusta navegar la red?
Olga	—Sí, y recibo muchos mensajes electrónicos de mis amigos.
Roberto	—Bueno... ¿qué comemos? ¿Sándwiches y ensalada?
Olga	—Sí, y limonada, porque tengo mucha sed. Oye, Roberto, ¿a qué hora corremos mañana por la mañana?
Roberto	—A las seis, como siempre. Juan, tú también corres, ¿no?
Juan	—¿Yo? ¡No! Siempre tengo sueño por la mañana.

Now the dialogues will be read with pauses for you to repeat what you hear. Imitate the speakers' intonation and pronunciation patterns.

III. Preguntas y respuestas

The speaker will ask several questions based on the dialogues. Answer each question, always omitting the subject. The speaker will verify your response. Repeat the correct answer.

1. ¿Juan debe pagar ochenta y cinco dólares o setenta y cinco dólares por cada unidad?
2. ¿Juan escribe el horario de clases o la lección de química?
3. ¿Juan decide ir a su casa o a la universidad?
4. ¿Juan y Roberto tienen hambre o tienen sueño?
5. ¿Olga es la novia de Roberto o la novia de Juan?
6. ¿Olga viene de la librería o viene de la biblioteca?
7. ¿Olga ya tiene todos los libros o necesita libros?
8. ¿Olga vive en la residencia o en un apartamento?
9. ¿Olga toma matemáticas o física?
10. ¿Olga recibe mensajes electrónicos de sus profesores o de sus amigos?
11. ¿Olga bebe café o limonada?
12. ¿Roberto y Olga estudian o corren por la mañana?

IV. Puntos para recordar

A. The speaker will ask several questions. Answer each one, using the cue provided. The speaker will verify your response. Repeat the correct answer. Follow the model.

MODELO: —¿Qué bebes tú?   (café)
—*Bebo café.*

B. The speaker will name a series of objects and their owners. Using the verb **ser**, say to whom the items belong. The speaker will verify your response. Repeat the correct answer. Follow the model.

MODELO: el libro / Elena
Es el libro de Elena.

C. The speaker will read some sentences. Change each sentence according to the new subject. The speaker will verify your response. Repeat the correct answer. Follow the model.

MODELO: Ella viene a las ocho.   (Uds.)
Uds. vienen a las ocho.

D. Say what the people mentioned have to do. The speaker will verify your response. Repeat the correct answer. Follow the model.

MODELO: Rosa / tomar francés
Rosa tiene que tomar francés.

E. Use expressions with **tener** to say how the people described in each statement feel, according to the situation. The speaker will verify your response. Repeat the correct answer. Follow the model.

MODELO: I am in Alaska in January.
Yo tengo mucho frío.

V. Díganos

The speaker will ask you some questions. Answer them, using the cues provided. The speaker will verify your response. Repeat the correct answer. Follow the model.

MODELO: ¿Es Ud. residente del estado?   (sí)
Sí, soy residente del estado.

VI. Ejercicios de comprensión

A. You will hear three statements about each picture. Circle the letter of the statement that best corresponds to the picture. The speaker will verify your response.

1.   a b c   2.   a b c   3.   a b c

4.   a b c   5.   a b c

B. You will now hear some statements. Circle **L** if the statement is logical (**lógico**) or **I** if it is illogical (**ilógico**). The speaker will verify your response.

1. L I   6. L I
2. L I   7. L I
3. L I   8. L I
4. L I   9. L I
5. L I   10. L I

VII. Para escuchar y escribir

A. The speaker will dictate twelve numbers. Each number will be repeated twice. Write them, using numerals rather than words.

1. _____   5. _____   9. _____

2. _____   6. _____   10. _____

3. _____   7. _____   11. _____

4. _____   8. _____   12. _____

B. The speaker will read five sentences. Each sentence will be read twice. After the first reading, write what you have heard. After the second reading, check your work and fill in what you have missed.

1. _____

2. _____

3. _____

4. _____

5. _____

LECCIÓN 4 Laboratory Activities

I. Pronunciación

Listen and repeat the following words, paying close attention to the pronunciation of the consonant **c**.

club	camarero	concierto	cine
café	cansado	conocer	información
capital	cuñado	cerca	decidir

Now listen and repeat the following sentences, paying close attention to the pronunciation of the consonant **c**.

1. Clara conversa con Claudia. /

2. La camarera come en el café. /

3. César va al cine y al club. /

4. Graciela come a las cinco. /

5. Necesitamos una identificación /

II. Diálogos: Actividades para un fin de semana

The dialogues will be read first without pauses. Pay close attention to the speakers' intonation and pronunciation patterns.

Lupe y su esposo Raúl planean varias actividades para el fin de semana. La pareja vive en Miami, Florida.

Lupe	—Esta noche estamos invitados a ir al teatro con tu mamá y con tus tíos.
Raúl	—¿Por qué no llevamos también a mi hermana?
Lupe	—No, hoy ella va al cine con su novio y después van a visitar a Ana.
Raúl	—Es verdad. ¡Ah! Mañana vienen tus padres a comer, ¿no?
Lupe	—Sí, y después vamos todos al club a jugar al tenis.
Raúl	—No me gusta jugar al tenis. ¿Por qué no vamos a nadar?
Lupe	—Pero yo no sé nadar bien.
Raúl	—Tienes que aprender, Lupita.
Lupe	—Bueno, vamos a la piscina, y por la noche vamos al concierto.
Raúl	—Perfecto. Oye, tengo mucha hambre. ¿Hay algo para comer?
Lupe	—Sí, tenemos queso, frutas y esos sándwiches de jamón que están en la mesa.

Al día siguiente, Carmen, la hermana de Raúl, está en un café al aire libre con su novio.

Carmen   —¿Qué hacemos esta tarde? ¿Adónde vamos... ? ¿Vamos a patinar?

Héctor   —No sé... Estoy cansado y tengo ganas de ver el juego de béisbol.

Carmen   —Bueno, vamos al estadio y por la noche vamos al club.

Héctor   —No, mi jefe da una fiesta esta noche y estamos invitados.

Carmen   —¡Ay, Héctor! Yo no conozco a tu jefe. Además, vive muy lejos.

Héctor   —¿Por qué no vamos a la fiesta un rato y después vamos al club a bailar?

Carmen   —¡Buena idea! Oye, ¿comemos algo?

Héctor   —Sí, voy a llamar al camarero. ¿Qué vas a comer?

Carmen   —Un sándwich de jamón y queso.

Héctor   —Yo también. En este café hacen unos sándwiches muy buenos.

Carmen   —Oye, ¿tomanos un refresco?

Héctor   —Sí, una Coca Cola.

Now the dialogues will be read with pauses for you to repeat what you hear. Imitate the speakers' intonation patterns.

III. Preguntas y respuestas

The speaker will ask several questions based on the dialogues. Answer each question, omitting the subject whenever possible. The speaker will verify your response. Repeat the correct answer.

1. ¿Lupe y Raúl planean actividades para el verano o para el fin de semana?

2. ¿La pareja vive en Puerto Rico o en Miami?

3. ¿Planean ir al teatro por la tarde o por la noche?

4. ¿Mañana vienen a comer los padres de Lupe o los padres de Raúl?

5. ¿Lupe tiene que aprender a nadar bien o a jugar al tenis?

6. ¿Raúl desea comer o tomar algo?

7. ¿Carmen es la hermana o la tía de Raúl?

8. ¿Héctor tiene ganas de ver el juego de béisbol o de patinar?

9. ¿Quién da una fiesta, el jefe de Héctor o la novia de Héctor?

10. Después de la fiesta, ¿van al club o al cine?

11. ¿Carmen come un sándwich de jamón o de jamón y queso?

12. ¿Carmen y Héctor toman un refresco o toman leche?

IV. Puntos para recordar

A. The speaker will give you demonstrative adjectives and nouns. Change the demonstrative adjectives with each new noun. The speaker will verify your response. Repeat the correct answer. Follow the model.

MODELO: —este hombre   (mujer)
            —*esta mujer*

B. Answer each question you hear in the negative, using the cues provided and the personal **a** as needed. The speaker will confirm your response. Repeat the correct answer. Follow the model.

MODELO: —¿Llamas a Rosa?   (Marta)
—*No, llamo a Marta.*

C. The speaker will ask several questions. Answer each one, using the cue provided. The speaker will verify your response. Repeat the correct answer. Follow the model.

MODELO: —¿De quién es el libro?   (el profesor)
—*Es del profesor.*

D. The speaker will give you some cues. Use them to say where the people mentioned are, how they are, what they give, or where they go. The speaker will verify your response. Repeat the correct answer. Follow the model.

MODELO: Jorge / al cine
Jorge va al cine.

E. The speaker will ask several questions. Answer each one, using the cue provided. The speaker will verify your response. Repeat the correct answer. Follow the model.

MODELO: —¿Con quién vas a bailar?   (Daniel)
—*Voy a bailar con Daniel.*

F. The speaker will give you some cues. Use them to say what or whom the people mentioned know or what they know how to do, using **saber** or **conocer**. The speaker will verify your response. Repeat the correct answer. Follow the model.

MODELO: Yo / al novio de Alina
Yo conozco al novio de Alina.

V. Díganos

The speaker will ask you some questions. Answer them, using the cues provided. The speaker will verify your response. Repeat the correct answer. Follow the model.

MODELO: —¿Qué planea Ud. para el fin de semana?   (varias actividades)
—*Planeo varias actividades para el fin de semana.*

VI. Ejercicios de comprensión

A. You will hear three statements about each picture. Circle the letter of the statement that best corresponds to the picture. The speaker will verify your response.

1.   a   b   c

2.   a   b   c

3.   a   b   c

4.   a   b   c

5.   a   b   c

6.   a   b   c

B. You will now hear some statements. Circle **L** if the statement is logical (**lógico**) or **I** if it is illogical (**ilógico**). The speaker will verify your response.

1. L   I   6. L   I
2. L   I   7. L   I
3. L   I   8. L   I
4. L   I   9. L   I
5. L   I   10. L   I

VII. Para escuchar y escribir

The speaker will read five sentences. Each sentence will be read twice. After the first reading, write what you have heard. After the second reading, check your work and fill in what you have missed.

1. _____

   _____

2. _____

   _____

3. _____

   _____

4. _____

   _____

5. _____

   _____

LECCIÓN 5 — Laboratory Activities

I. Pronunciación

Listen and repeat the following words, paying close attention to the pronunciation of the consonants **g**, **j**, and **h**.

grupo	geografía	joven	hermoso
llegar	general	mejor	hasta
seguro	ojo	juego	hermana
grande	bajo	ahora	hambre

Now listen and repeat the following sentences, paying close attention to the pronunciation of the consonants **g**, **j**, and **h**.

1. Gerardo es bajo.

2. Julia es joven y hermosa.

3. Mi hermano no es gordo.

4. No hablamos hasta el jueves.

5. El grupo llega ahora.

II. Diálogos: Una fiesta de bienvenida

The dialogues will be read first with pauses. Pay close attention to the speakers' intonation and pronunciation patterns.

Eva, la hermana menor de Luis, llega hoy a San Juan, la capital de Puerto Rico, y sus amigos dan una fiesta para ella. Luis llama por teléfono a su amiga Estela.

Luis	—Hola, ¿Estela? Habla Luis.
Estela	—Hola, ¿qué tal, Luis?
Luis	—Bien. Oye, vamos a dar una fiesta de bienvenida para Eva. ¿Quieres venir? Es en la casa de mi primo Jorge.
Estela	—Sí, cómo no. ¿Cuándo es?
Luis	—El próximo sábado. Empieza a las ocho de la noche.
Estela	—Gracias por la invitación. ¿Juan y Olga van también?
Luis	—No estoy seguro, pero creo que piensan ir, si no están ocupados.
Estela	—¿Andrés va a llevar sus discos compactos y sus cintas?
Luis	—Sí, pero el estéreo de Jorge no es muy bueno.
Estela	—Si quieres, llevo mi estéreo. Es mejor que el de Uds.
Luis	—¡Magnífico! Hasta el sábado, entonces.

En la fiesta, Pablo y Estela están conversando. Pablo es joven, moreno, guapo y mucho más alto que Estela. Ella es una muchacha bonita, rubia, de ojos azules, delgada y de estatura mediana. Ahora están hablando de Sara.

Estela —Pablo, tienes que conocer a Sara, mi compañera de cuarto.

Pablo —¿Cómo es? ¿Alta... baja...? ¿Es tan hermosa como tú?

Estela —¡Es muy bonita! Tiene pelo negro y ojos castaños. ¡Y es muy simpática!

Pablo —Pero, ¿es inteligente? (*bromeando*) Y, lo más importante... ¿tiene dinero?

Estela —Sí, es rica, y es la más inteligente del grupo.

Pablo —Es perfecta para mí. ¿Está aquí?

Estela —No, está en casa porque está enferma.

Pablo —¡Qué lástima! ¡Oye! Están sirviendo las bebidas. ¿Quieres ponche?

Estela —No, prefiero un refresco, pero primero quiero bailar contigo.

Pablo —Bueno, vamos a bailar. Están tocando una salsa.

Now the dialogues will be read with pauses for you to repeat what you hear. Imitate the speakers' intonation and pronunciation patterns.

III. Preguntas y respuestas

The speaker will ask several questions based on the dialogues. Answer each question, always omitting the subject. The speaker will verify your response. Repeat the correct answer.

1. ¿Eva es la hermana o la novia de Luis?

2. ¿Luis da una fiesta para Eva o para Estela?

3. ¿Luis llama por teléfono a Estela o a Eva?

4. ¿La fiesta es el próximo sábado o el próximo viernes?

5. ¿La fiesta empieza a las ocho o a las nueve de la noche?

6. ¿Andrés va a llevar sus discos compactos o su estéreo?

7. ¿Pablo es rubio o moreno?

8. ¿Estela tiene ojos verdes o azules?

9. ¿Estela es alta o de estatura mediana?

10. ¿Sara es la hermana o la compañera de cuarto de Estela?

11. ¿Sara está en la fiesta o está en su casa?

12. ¿Estela prefiere beber ponche o un refresco?

13. ¿Estela quiere bailar con Pablo o con Luis?

14. ¿Están tocando una salsa o un tango?

IV. Puntos para recordar

A. The speaker will provide a subject, an infinitive, and additional items. Use them to describe what the people mentioned are doing *now*. The speaker will verify your response. Repeat the correct answer. Follow the model.

MODELO: yo / hablar / español
Yo estoy hablando español.

B. Combine the phrases you hear, using the appropriate forms of **ser** or **estar** to form sentences. The speaker will verify your response. Repeat the correct answer. Follow the model.

MODELO: la ciudad / hermosa
La ciudad es hermosa.

C. The speaker will read several sentences, and will provide a verb cue for each one. Substitute the new verb in each sentence, making all necessary changes. The speaker will verify your response. Repeat the correct answer. Follow the model.

MODELO: Nosotros deseamos ir.   (querer)
Nosotros queremos ir.

D. The speaker will ask you some questions. Answer them, using the cues provided. The speaker will verify your response. Repeat the correct answer. Follow the model.

MODELO: ¿Quién es la más inteligente de la clase?   (Elsa)
Elsa es la más inteligente de la clase.

E. The speaker will ask you some questions. Answer them in the negative. The speaker will verify your response. Repeat the correct answer.

V. Díganos

The speaker will ask you some questions. Answer them, using the cues provided. The speaker will verify your response. Repeat the correct answer.

VI. Ejercicios de comprensión

You will hear three statements about each picture. Circle the letter of the statement that best corresponds to the picture. The speaker will verify your response.

1.   a   b   c

2.   a   b   c

3.   a   b   c

4.   a   b   c

5.   a   b   c

6.   a   b   c

B. You will now hear some statements. Circle **L** if the statement is logical (**lógico**) or **I** if it is illogical (**ilógico**). The speaker will verify your response.

1. L   I
2. L   I
3. L   I
4. L   I
5. L   I

6. L   I
7. L   I
8. L   I
9. L   I
10. L   I

178   Lección 5, Laboratory Manual

VII. Para escuchar y escribir

The speaker will read five sentences. Each sentence will be read twice. After the first reading, write what you have heard. After the second reading, check your work and fill in what you have missed.

1. _____

2. _____

3. _____

4. _____

5. _____

LECCIÓN **6** Laboratory Activities

I. Pronunciación

Listen and repeat the following words, paying close attention to the pronunciation of the consonants **ll** and **ñ**.

llevar	estampilla	amarillo	español
allí	ventanilla	mañana	señora
sello	llamar	castaño	otoño

Now listen and repeat the following sentences, paying close attention to the pronunciation of the consonants **ll** and **ñ**.

1. Los sellos están allí.

2. La señorita es de España.

3. La señora va a llamar mañana.

4. El señor Llanos llega en el otoño.

II. Diálogos: En el banco y en la oficina de correos

The dialogues will be read first without pauses. Pay close attention to the speakers' intonation and pronunciation patterns.

En el Banco de América, en la Ciudad de Panamá.

Son las diez de la mañana y Alicia entra en el banco. No tiene que hacer cola porque no hay mucha gente.

Cajero	—¿En qué puedo servirle, señorita?
Alicia	—Quiero abrir una cuenta de ahorros. ¿Qué interés pagan?
Cajero	—Pagamos el tres por ciento.
Alicia	—¿Puedo usar el cajero automático para sacar mi dinero en cualquier momento?
Cajero	—Sí, pero si saca el dinero, puede perder parte del interés.
Alicia	—Bueno... ahora deseo cobrar este cheque.
Cajero	—¿Cómo quiere el dinero?
Alicia	—Cien balboas en efectivo. Voy a depositar mil en mi cuenta corriente.
Cajero	—Necesito el número de su cuenta.
Alicia	—Un momento... No encuentro mi talonario de cheques y no recuerdo el número...
Cajero	—No importa. Yo lo busco.

| Alicia | —Ah, ¿dónde consigo cheques de viajero? |
| Cajero | —Los venden en la ventanilla número dos. |

En otro departamento, Alicia pide información sobre un préstamo.

En la oficina de correos.

Hace 15 minutos que Alicia está en la oficina de correos haciendo cola cuando por fin llega a la ventanilla. Allí compra estampillas y pide información.

Alicia	—Deseo mandar estas cartas por vía aérea.
Empleado	—¿Quiere mandarlas certificadas?
Alicia	—Sí, por favor. ¿Cuánto es?
Empleado	—Diez balboas, señorita.
Alicia	—También necesito estampillas para tres tarjetas postales.
Empleado	—Aquí las tiene.
Alicia	—Gracias. ¿Cuánto cuesta enviar un giro postal a México?
Empleado	—Veinte balboas. ¿Algo más, señorita?
Alicia	—Nada más, gracias.

Alicia sale de la oficina de correos, toma un taxi y vuelve a su casa.

Now the dialogues will be read with pauses for you to repeat what you hear. Imitate the speakers' intonation patterns.

III. Preguntas y respuestas

The speaker will ask several questions based on the dialogues. Answer each question, always omitting the subject. The speaker will verify your response. Repeat the correct answer.

1. ¿Alicia quiere abrir una cuenta corriente o una cuenta de ahorros?
2. ¿Alicia quiere el dinero en un cheque o en efectivo?
3. ¿El cajero puede buscar el número de la cuenta o el talonario de cheques?
4. ¿Alicia pide información sobre un préstamo o sobre una cuenta corriente?
5. ¿Alicia está bailando o está haciendo cola?
6. ¿Alicia compra estampillas en la oficina de correos o en el banco?
7. ¿Alicia desea mandar las cartas por taxi o por vía aérea?
8. ¿Alicia manda una tarjeta postal o tres?
9. ¿Alicia quiere mandar un giro postal a México o a Guatemala?
10. ¿Alicia vuelve a su casa o va a la biblioteca?

IV. Puntos para recordar

A.   The speaker will ask several questions. Answer each one, using the cue provided. The speaker will verify your response. Repeat the correct answer. Follow the model.

   MODELO: —¿Recuerdas el número de tu cuenta?   (no)
   —*No, no recuerdo el número de mi cuenta.*

B.   The speaker will ask several questions. Answer each one, using the cue provided. The speaker will verify your response. Repeat the correct answer. Follow the model.

   MODELO: —¿Qué sirven Uds. por la mañana?   (café)
   —*Servimos café.*

C.   Answer each of the following questions in the affirmative, using the appropriate direct object pronoun. The speaker will verify your response. Repeat the correct answer. Follow the model.

   MODELO: —¿Necesitas las estampillas?
   —*Sí, las necesito.*

D.   Change each of the following sentences to the negative. The speaker will verify your response. Repeat the correct answer. Follow the model.

   MODELO: Necesito algo.
   ***No* necesito *nada*.**

E.   Answer each question you hear, using the cue provided. The speaker will verify your response. Repeat the correct answer. Follow the model.

   MODELO: —¿Cuánto tiempo hace que Ud. vive aquí?   (diez años)
   —*Hace diez años que vivo aquí.*

V. Díganos

The speaker will ask you some questions. Answer them, always omitting the subject and using the cues provided. The speaker will verify your response. Repeat the correct answer. Follow the model.

   MODELO: —¿En qué banco tiene Ud. su dinero?   (Banco de América)
   —*Tengo mi dinero en el Banco de América.*

VI. Ejercicios de comprensión

A. You will hear three statements about each picture. Circle the letter of the statement that best corresponds to the picture. The speaker will verify your response.

1.   a   b   c

2.   a   b   c

3.   a   b   c

4.   a   b   c

5.   a   b   c

6.   a   b   c

B. You will now hear some statements. Circle **L** if the statement is logical (**lógico**) or **I** if it is illogical (**ilógico**). The speaker will verify your response.

1. L I
2. L I
3. L I
4. L I
5. L I

6. L I
7. L I
8. L I
9. L I
10. L I

VII. Para escuchar y escribir

The speaker will read five sentences. Each sentence will be read twice. After the first reading, write what you have heard. After the second reading, check your work and fill in what you have missed.

1. _____

2. _____

3. _____

4. _____

5. _____

LECCIÓN **7** **Laboratory Activities**

I. Pronunciación

Listen and repeat the following words, paying close attention to the pronunciation of the consonants **l**, **r**, and **rr**.

chaleco	calzar	cinturón	ahorrar
pantalón	par	ropa	corriente
liquidación	zapatería	rubio	correo
lavarse	vestirse	rico	correr

Now listen and repeat the following sentences, paying close attention to the pronunciation of the consonants **l**, **r**, and **rr**.

1. Los calcetines son baratos.

2. Julio calza el número cuarenta.

3. La zapatería está a la derecha.

4. Raúl no ahorra mucho dinero.

5. Rita quiere abrir una cuenta corriente.

II. Diálogos: De compras

The dialogues will be read first without pauses. Pay close attention to the speakers' intonation and pronunciation patterns.

Aurora Ibarra es estudiante de ingeniería. Es de Puerto Limón, Costa Rica, pero el año pasado se mudó a San José. Hoy se levantó muy temprano, se bañó, se lavó la cabeza y se preparó para ir de compras.

En la tienda París, que hoy tiene una gran liquidación, Aurora está hablando con la dependienta en el departamento de señoras.

Aurora —Me gusta esa blusa rosada. ¿Cuánto cuesta?

Dependienta —Siete mil colones. ¿Qué talla usa Ud?

Aurora —Talla treinta y ocho. ¿Dónde puedo probarme la blusa?

Dependienta —Hay un probador a la derecha y otro a la izquierda.

Aurora —También voy a probarme este vestido y esa falda.

Dependienta —¿Necesita un abrigo? Hoy tenemos una gran liquidación de abrigos.

Aurora —¡Qué lástima! Ayer compré uno... ¿La ropa interior y las pantimedias también están en liquidación?

Dependienta —Sí, le damos un veinte por ciento de descuento.

Aurora compró la blusa y la falda, pero decidió no comprar el vestido. Después fue a la zapatería para comprar un par de sandalias y una cartera. Cuando salió de la zapatería fue a hacer varias diligencias y no volvió a su casa hasta muy tarde.

Enrique está en una zapatería porque necesita un par de zapatos y unas botas.

Empleado	—¿Qué número calza Ud.?
Enrique	—Calzo el cuarenta y dos.
Empleado	—(*Le prueba unos zapatos.*) ¿Le gustan?
Enrique	—Sí, me gustan, pero me aprietan un poco; son muy estrechos.
Empleado	—¿Quiere unos más anchos?
Enrique	—Sí, y unas botas del mismo tamaño, por favor.
Empleado	—(*Le trae las botas y los zapatos.*) Estas botas son de muy buena calidad.
Enrique	—(*Se prueba las botas y los zapatos.*) Los zapatos me quedan bien, pero las botas me quedan grandes.

Después de pagar los zapatos, Enrique fue al departamento de caballeros de una tienda muy elegante. Allí compró un traje, un pantalón, una camisa, dos corbatas y un par de calcetines. Después, volvió a su casa, cargado de paquetes.

Enrique	—(*Piensa mientras se viste.*) Me voy a poner el traje nuevo para ir a la fiesta del club. Fue una suerte encontrar este traje tan elegante y tan barato.

Now the dialogues will be read with pauses for you to repeat what you hear. Imitate the speakers' intonation patterns.

III. Preguntas y respuestas

The speaker will ask several questions based on the dialogues. Answer each question, always omitting the subject. The speaker will verify your response. Repeat the correct answer.

1. ¿Aurora es de Puerto Limón o de San José?
2. ¿Aurora se bañó por la mañana o por la tarde?
3. ¿Aurora usa talla treinta y ocho o talla cuarenta?
4. ¿Hay uno o dos probadores?
5. En la tienda París, ¿dan un treinta o un veinte por ciento de descuento?
6. ¿Aurora compró la falda o el vestido?
7. ¿Aurora fue a la zapatería o a la oficina de correos?
8. ¿Aurora volvió a su casa muy tarde o muy temprano?
9. ¿Enrique calza el treinta y nueve o el cuarenta y dos?
10. ¿Los zapatos son anchos o son estrechos?
11. ¿Enrique compró los zapatos o las botas?
12. ¿Enrique compró dos trajes o dos corbatas?

IV. Puntos para recordar

A. The speaker will make several statements. Change each statement by making the verb preterit. The speaker will verify your response. Repeat the correct answer. Follow the model.

MODELO: Yo trabajo con ellos.
Yo trabajé con ellos.

B. The speaker will ask several questions. Change each question by making the verb preterit. The speaker will verify your response. Repeat the correct answer. Follow the model.

MODELO: ¿Adónde van ellos?
¿Adónde fueron ellos?

C. The speaker will ask several questions. Answer each one, using the cue provided. Pay special attention to the use of indirect object pronouns. The speaker will verify your response. Repeat the correct answer. Follow the model.

MODELO: —¿Tú le escribiste a tu papá?   (sí)
—Sí, le escribí.

D. Answer each question you hear, always choosing the first possibility. The speaker will verify your response. Repeat the correct answer. Follow the model.

MODELO: —¿Te gusta más la corbata roja o la corbata negra?
—Me gusta más la corbata roja.

E. Answer each question you hear, using the cue provided. The speaker will verify your response. Repeat the correct answer. Follow the model.

MODELO: —¿A qué hora te levantas tú?   (a las siete)
—Me levanto a las siete.

V. Díganos

The speaker will ask you some questions. Answer them, using the cues provided. The speaker will verify your response. Repeat the correct answer.

VI. Ejercicios de comprensión

A. You will hear three statements about each picture. Circle the letter of the statement that best corresponds to the picture. The speaker will verify your response.

1.   a b c   2.   a b c   3.   a b c

4.   a b c   5.   a b c   6.   a b c

7.   a b c   8.   a b c   9.   a b c

B. You will now hear some statements. Circle **L** if the statement is logical (**lógico**) or **I** if it is illogical (**ilógico**). The speaker will verify your response.

1. L I
2. L I
3. L I
4. L I
5. L I

6. L I
7. L I
8. L I
9. L I
10. L I

VII. Para escuchar y escribir

The speaker will read five sentences. Each sentence will be read twice. After the first reading, write what you have heard. After the second reading, check your work and fill in what you have missed.

1. _____
2. _____
3. _____
4. _____
5. _____

LECCIÓN **8** **Laboratory Activities**

I. Pronunciación

Listen and repeat the following sentences, paying close attention to your pronunciation and intonation.

1. Irene necesita ir a la carnicería.

2. ¿Compraste el periódico hoy?

3. ¿Puedo pagar con tarjeta de crédito?

4. Debes comprar huevos y vegetales.

5. Prefiero el mercado al aire libre.

6. Paco preparó un pastel de manzanas.

II. Diálogos: En el supermercado

The dialogues will be read first without pauses. Pay close attention to the speakers' intonation and pronunciation patterns.

Beto y Sara están comprando comestibles y otras cosas en un supermercado en Lima.

Beto	—No necesitamos lechuga ni tomates porque ayer Rosa compró muchos vegetales.
Sara	—¿Ella vino al mercado ayer?
Beto	—Sí, ayer hizo muchas cosas: limpió el piso, fue a la farmacia...
Sara	—Hizo una torta... Oye, necesitamos mantequilla, azúcar y cereal.
Beto	—También dijiste que necesitábamos dos docenas de huevos.
Sara	—Sí. ¡Ah! ¿Mamá vino ayer?
Beto	—Sí, te lo dije anoche. Nos trajo unas revistas y unos periódicos. Ah, ¿tenemos papel higiénico?
Sara	—No. También necesitamos lejía, detergente y jabón.
Beto	—Bueno, tenemos que apurarnos. Rosa me dijo que sólo podía quedarse con los niños hasta las cinco.
Sara	—Pues, generalmente se queda hasta más tarde... Oye, ¿dónde pusiste la tarjeta de crédito?
Beto	—Creo que la dejé en casa... ¡No, aquí está!

Cuando Beto y Sara iban para su casa, vieron a Rosa y a los niños, que estaban jugando en el parque.

Irene y Paco están en un mercado al aire libre.

Irene	—Tú estuviste aquí anteayer. ¿No compraste manzanas?
Paco	—Sí, pero se las di a Marta. Ella las quería usar para hacer un pastel.
Irene	—Necesitamos manzanas, naranjas, peras, uvas y duraznos para la ensalada de frutas.
Paco	—También tenemos que comprar carne y pescado. Vamos ahora a la carnicería y a la pescadería.
Irene	—Y a la panadería para comprar pan. Yo no tuve tiempo de ir ayer.
Paco	—Oye, necesitamos zanahorias, papas, cebollas y...
Irene	—¡Y nada más! No tenemos mucho dinero...
Paco	—Es verdad... Desgraciadamente gastamos mucho la semana pasada.
Irene	—¿Sabes si tu hermano consiguió el préstamo que pidió?
Paco	—Sí, se lo dieron.
Irene	—¡Menos mal!

Now the dialogues will be read with pauses for you to repeat what you hear. Imitate the speakers' intonation patterns.

III. Preguntas y respuestas

The speaker will ask several questions based on the dialogues. Answer each question, always omitting the subject. The speaker will verify your response. Repeat the correct answer.

1. ¿Beto y Sara están en un supermercado o en un mercado al aire libre?
2. ¿Ayer Rosa compró carne o vegetales?
3. ¿Ayer Rosa fue a la zapatería o fue a la farmacia?
4. ¿Sara dijo que necesitaba dos docenas de huevos o cuatro docenas?
5. ¿Rosa sólo podía quedarse con los niños hasta las tres o hasta las cinco?
6. ¿Beto tiene la tarjeta de crédito o la dejó en casa?
7. ¿Paco comió las manzanas o se las dio a Marta?
8. ¿Irene va a hacer una ensalada de lechuga o de frutas?
9. ¿Paco quiere comprar pescado o papel higiénico?
10. ¿Irene fue a la panadería ayer o tiene que ir hoy?
11. ¿Irene y Paco gastaron mucho o poco la semana pasada?
12. ¿El hermano de Paco consiguió el préstamo o no lo consiguió?

IV. Puntos para recordar

A. You will hear several statements in the present tense. Change the verbs in each sentence from the present to the preterit. The speaker will verify your response. Repeat the correct answer. Follow the model.

MODELO: Están allí.
Estuvieron allí.

B. The speaker will ask several questions. Answer each one, using the cue provided and replacing the direct object with the corresponding direct object pronoun. The speaker will verify your response. Repeat the correct answer. Follow the model.

MODELO: —¿Quién **te** trajo **las peras?**   (Teresa)
—***Me las*** trajo Teresa.

C. Change each sentence you hear, substituting the new subject given. The speaker will verify your response. Repeat the correct answer. Follow the model.

MODELO: Yo serví la comida.   (Jorge)
Jorge sirvió la comida.

D. Change each of the sentences you hear to the imperfect tense. The speaker will verify your response. Repeat the correct answer. Follow the model.

MODELO: Hablo español.
Hablaba español.

E. Change each adjective you hear to an adverb. The speaker will verify your response. Repeat the correct answer. Follow the model.

MODELO: fácil
fácilmente

V. Díganos

The speaker will ask you some questions. Answer them, always omitting the subject and using the cues provided. The speaker will verify your response. Repeat the correct answer. Follow the model.

MODELO: —¿En qué mercado compra Ud.?   (mercado al aire libre)
—*Compro en un mercado al aire libre.*

VI Ejercicios de comprensión

A. You will hear three statements about each picture. Circle the letter of the statement that best corresponds to the picture. The speaker will verify your response.

1.   a b c   2.   a b c   3.   a b c

4.   a b c   5.   a b c   6.   a b c

B. You will now hear some statements. Circle **L** if the statement is logical (**lógico**) or **I** if it is illogical (**ilógico**). The speaker will verify your response.

1. L I   6. L I
2. L I   7. L I
3. L I   8. L I
4. L I   9. L I
5. L I   10. L I

VII. Para escuchar y escribir

The speaker will read five sentences. Each sentence will be read twice. After the first reading, write what you have heard. After the second reading, check your work and fill in what you have missed.

1. _____
2. _____
3. _____
4. _____
5. _____

LECCIÓN 9 Laboratory Activities

I. Pronunciación

Listen and repeat the following sentences, paying close attention to your pronunciation and intonation.

1. De postre, queremos flan.
2. Quiero pan tostado con mermelada.
3. ¿Qué recomienda el camarero?
4. ¿Nos puede traer la cuenta?
5. El cordero asado está riquísimo.
6. Celebran su aniversario el sábado.

II. Diálogos: En el restaurante

The dialogues will be read first without pauses. Pay close attention to the speakers' intonation and pronunciation patterns.

Pilar y su esposo Víctor están de vacaciones en Colombia, y hace dos días que llegaron a Bogotá, donde piensan estar por un mes.

Anoche casi no durmieron porque fueron al teatro y luego a un club nocturno para celebrar su aniversario de bodas. Ahora están en el café de un hotel internacional, listos para desayunar. El mozo les trae el menú.

Víctor —(*Al mozo.*) Quiero dos huevos fritos, jugo de naranja, café y pan con mantequilla.

Mozo —Y Ud., señora, ¿quiere lo mismo?

Pilar —No, yo sólo quiero café con leche y pan tostado con mermelada.

Víctor —¿Por qué no comes huevos con tocino o chorizo y panqueques?

Pilar —No, porque a la una vamos a almorzar en casa de los Acosta. Hoy es el cumpleaños de Armando.

Víctor —Es verdad. Y esta noche vamos a ir a cenar a un restaurante.

Por la tarde Víctor llamó por teléfono desde el hotel al restaurante La Carreta y preguntó a qué hora se abría. Hizo reservaciones para las nueve, pero llegaron tarde porque había mucho tráfico.

En el restaurante.

Mozo —Quiero recomendarles la especialidad de la casa: biftec con langosta, arroz y ensalada. De postre, flan con crema.

Pilar	—No, yo quiero sopa de pescado y pollo asado con puré de papas. De postre, helado.
Víctor	—Para mí, chuletas de cordero, papa al horno, no, perdón, papas fritas y ensalada. De postre, un pedazo de pastel.

El mozo anotó el pedido y se fue para la cocina.

Pilar	—Mi abuela hacía unos pasteles riquísimos. Cuando yo era chica, siempre iba a su casa para comer pasteles.
Víctor	—Yo no veía mucho a la mía porque vivía en el campo, pero ella cocinaba muy bien también.

Después de cenar, siguieron hablando un rato. Luego Víctor pidió la cuenta, la pagó y le dejó una buena propina al mozo. Cuando salieron hacía frío y tuvieron que tomar un taxi para ir al hotel. Eran las once cuando llegaron.

Now the dialogues will be read with pauses for you to repeat what you hear. Imitate the speakers' intonation patterns.

III. Preguntas y respuestas

Now the speaker will ask several questions based on the dialogues. Answer each question, omitting the subject whenever possible. The speaker will verify your response. Repeat the correct answer.

1. ¿Hace dos días o dos semanas que Pilar y Víctor llegaron a Bogotá?

2. ¿Fueron al cine o al teatro para celebrar su aniversario?

3. ¿Víctor quiere huevos fritos o panqueques?

4. ¿Pilar va a comer pan con mermelada o huevos con tocino?

5. ¿Pilar y Víctor van a almorzar en el restaurante o en casa de los Acosta?

6. ¿La especialidad de la casa es biftec con langosta o pollo asado?

7. ¿Víctor pide la especialidad de la casa o chuletas de cordero?

8. ¿Víctor quiere papa al horno o papas fritas?

9. De postre, ¿Víctor quiere pastel o flan con crema?

10. Cuando Pilar era chica, ¿iba a casa de su abuela para cocinar o para comer pasteles?

11. ¿Los abuelos de Víctor vivían en el campo o vivían en la ciudad?

12. ¿Quién pagó la cuenta, Víctor o Pilar?

IV. Puntos para recordar

A. The speaker will ask several questions. Answer each one, using the cue provided. Pay special attention to the use of **por** or **para** in each question. The speaker will verify your response. Repeat the correct answer. Follow the model.

MODELO: —¿Para quién es el biftec?   (Rita)
—*El biftec es para Rita.*

B. The speaker will ask several questions. Answer each one **sí** or **no**. The speaker will verify your response. Repeat the correct answer. Follow the model.

MODELO: —¿En Chicago hace mucho viento?
—*Sí, hace mucho viento.*

C. The speaker will ask several questions. Answer each one, using the cue provided. Pay special attention to the use of the preterit or the imperfect. The speaker will verify your response. Repeat the correct answer. Follow the model.

MODELO: —¿En qué idioma te hablaban tus padres?   (en inglés)
—*Me hablaban en inglés.*

D. Answer each question you hear, using the cue provided. The speaker will verify your response. Repeat the correct answer. Follow the model.

MODELO: —¿Cuánto tiempo hace que tú llegaste?   (veinte minutos)
—*Hace veinte minutos que llegué.*

E. Answer each question you hear, using the cue provided. The speaker will verify your response. Repeat the correct answer. Follow the model.

MODELO: —Mis zapatos son negros. ¿Y los tuyos? (blancos)
—*Los míos son blancos.*

V. Díganos

The speaker will ask you some questions. Answer them, using the cues provided. The speaker will verify your response. Repeat the correct answer.

VI. Ejercicios de comprensión

A. You will hear three statements about each picture. Circle the letter of the statement that best corresponds to the picture. The speaker will verify your response.

1.   a   b   c   2.   a   b   c   3.   a   b   c

4.   a   b   c   5.   a   b   c   6.   a   b   c

7.   a   b   c   8.   a   b   c   9.   a   b   c

B. You will now hear some statements. Circle **L** if the statement is logical (**lógico**) or **I** if it is illogical (**ilógico**). The speaker will verify your response.

1. L   I

2. L   I

3. L   I

4. L   I

5. L   I

6. L   I

7. L   I

8. L   I

9. L   I

10. L   I

VII. Para escuchar y escribir

The speaker will read five sentences. Each sentence will be read twice. After the first reading, write what you have heard. After the second reading, check your work and fill in what you have missed.

1. _____

2. _____

3. _____

4. _____

5. _____

LECCIÓN 10 Laboratory Activities

I. Pronunciación

Listen and repeat the following sentences, paying close attention to your pronunciation and intonation.

1. ¿Te duele mucho la cabeza?
2. Está en la sala de rayos X.
3. Tienen que enyesarle el brazo.
4. La enfermera me puso una inyección.
5. Tiene que tomar estas pastillas.
6. No se ha fracturado el tobillo.

II. Diálogos: En un hospital

The dialogues will be read first without pauses. Pay close attention to the speakers' intonation and pronunciation patterns.

En Santiago de Chile.

Susana ha tenido un accidente y la han traído al hospital en una ambulancia. Ahora está en la sala de emergencia hablando con el médico.

Doctor	—Dígame qué le pasó, señorita.
Susana	—Yo había parado en una esquina y un autobús chocó con mi coche.
Doctor	—¿Perdió Ud. el conocimiento después del accidente?
Susana	—Sí, por unos segundos.
Doctor	—¿Tiene Ud. dolor en alguna parte?
Susana	—Sí, doctor, me duele mucho la herida del brazo.
Doctor	—¿Cuándo fue la última vez que le pusieron una inyección antitetánica?
Susana	—Hace seis meses.
Doctor	—Bueno, voy a vendarle la herida ahora mismo. Y después la enfermera va a ponerle una inyección para el dolor. ¿Le duele algo más?
Susana	—Me duele mucho la espalda y también me duele la cabeza.
Doctor	—Bueno, vamos a hacerle unas radiografías para ver si se ha fracturado algo. (*A la enfermera.*) Lleve a la señorita a la sala de rayos X.

Una hora después, Susana salió del hospital. No tuvo que pagar nada porque tenía seguro médico. Fue a la farmacia y compró la medicina que le había recetado el médico para el dolor.

Pepito se cayó en la escalera de su casa y su mamá lo llevó al hospital. Hace una hora que esperan cuando por fin viene la doctora Alba.

Doctora	—¿Qué le pasó a su hijo, señora?
Señora	—Parece que se ha torcido el tobillo.
Doctora	—A ver... creo que es una fractura.

Han llevado a Pepito a la sala de rayos X y le han hecho varias radiografías.

Doctora	—Tiene la pierna rota. Vamos a tener que enyesársela.
Señora	—¿Va a tener que usar muletas para caminar?
Doctora	—Sí, por seis semanas. Dele estas pastillas para el dolor y pida turno para la semana que viene.

Más tarde:

Señora	—¿Cómo te sientes, mi vida?
Pepito	—Un poco mejor. ¿Llamaste a papá?
Señora	—Sí, en seguida viene a buscarnos.

Now the dialogues will be read with pauses for you to repeat what you hear. Imitate the speakers' pronunciation patterns.

III. Preguntas y respuestas

Now the speaker will ask several questions based on the dialogues. Answer each question, omitting the subject whenever possible. The speaker will verify your response. Repeat the correct answer.

1. ¿Trajeron a Susana al hospital en una ambulancia o en un coche?
2. ¿Susana perdió el conocimiento por unos segundos o por unos minutos?
3. ¿Susana tiene una herida en la pierna o en el brazo?
4. ¿El doctor va a vendarle la herida a Susana o va a limpiársela?
5. ¿La enfermera va a ponerle una inyección a Susana o va a darle una receta?
6. ¿Van a hacerle una radiografía a Susana para ver si se ha fracturado algo o para ver si tiene una herida?
7. ¿El seguro pagó la cuenta del hospital o la pagó Susana?
8. ¿Llevaron a Pepito a la sala de emergencia o a la sala de rayos X?
9. Para caminar, ¿Pepito va a tener que tomar medicinas o va a tener que usar muletas?
10. ¿El doctor va a tener que vendarle la pierna a Pepito o va a tener que enyesársela?
11. ¿Pepito va a tener que usar muletas por seis semanas o por seis meses?
12. ¿Pepito se siente mejor o peor?

IV. Puntos para recordar

A. The speaker will ask several questions. Answer each one, using the verb **estar** and the past participle of the verb used in the question. The speaker will verify your response. Repeat the correct answer. Follow the model.

MODELO: —¿Vendieron la casa?
—*Sí, está vendida.*

B. Answer each question you hear by saying that the action mentioned has already been done. If the sentence contains a direct object, substitute the appropriate direct object pronoun. The speaker will verify your response. Repeat the correct answer. Follow the model.

MODELO: —¿Va a cerrar Ud. la puerta?
—*Ya la he cerrado.*

C. Change the verb in each statement you hear to the past perfect tense. The speaker will verify your response. Repeat the correct answer. Follow the model.

MODELO: Él perdió el conocimiento.
Él había perdido el conocimiento.

D. Change each statement you hear to a formal command. The speaker will verify your response. Repeat the correct answer. Follow the model.

MODELO: Debe traerlo.
Tráigalo.

V. Díganos

The speaker will ask you some questions. Answer them, using the cues provided. The speaker will verify your response. Repeat the correct answer. Follow the model.

MODELO: —¿Tiene Ud. seguro médico? (sí)
—*Sí, tengo seguro médico.*

VI. Ejercicios de comprensión

A. You will hear three statements about each picture. Circle the letter of the statement that best corresponds to the picture. The speaker will verify your response.

1.   a b c   2.   a b c   3.   a b c

4.   a b c   5.   a b c   6.   a b c

7.   a b c   8.   a b c   9.   a b c

B. You will hear some statements. Circle **L** if the statement is logical (**lógico**) or **I** if it is illogical (**ilógico**). The speaker will verify your response.

1. L I   6. L I
2. L I   7. L I
3. L I   8. L I
4. L I   9. L I
5. L I   10. L I

VII. Para escuchar y escribir

The speaker will read five sentences. Each sentence will be read twice. After the first reading, write what you have heard. After the second reading, check your work and fill in what you have missed.

1. _____
2. _____
3. _____
4. _____
5. _____

LECCIÓN 11 Laboratory Activities

I. Pronunciación

Listen and repeat the following sentences, paying close attention to your pronunciation and intonation.

1. Necesito unas gotas para la nariz.
2. ¿Es Ud. alérgico a la penicilina?
3. Víctor tiene tos y mucha fiebre.
4. No necesita una receta para el jarabe.
5. Me alegro de que sólo sea catarro.
6. Ojalá te mejores pronto.

II. Diálogos: En la farmacia y en el consultorio del médico

The dialogues will be read first without pauses. Pay close attention to the speakers' intonation and pronunciation patterns.

Alicia llegó a Quito ayer. Durante el día se divirtió mucho, pero por la noche se sintió mal y no durmió bien. Eran las cuatro de la madrugada cuando por fin pudo dormirse. Se levantó a las ocho y fue a la farmacia. Allí habló con el Sr. Paz, el farmacéutico.

Sr. Paz —¿En qué puedo servirle, señorita?

Alicia —Quiero que me dé algo para el catarro.

Sr. Paz —¿Tiene fiebre?

Alicia —Sí, tengo una temperatura de treinta y nueve grados. Además tengo tos y mucho dolor de cabeza.

Sr. Paz —Tome dos aspirinas cada cuatro horas y este jarabe para la tos.

Alicia —¿Y si la fiebre no baja?

Sr. Paz —En ese caso, va a necesitar penicilina. Yo le sugiero que vaya al médico.

Alicia —Temo que sea gripe... ¡o pulmonía!

Sr. Paz —No lo creo... ¿Necesita algo más?

Alicia —Sí, unas gotas para la nariz, curitas y algodón.

Al día siguiente, Alicia sigue enferma y decide ir al médico. El doctor la examina y luego habla con ella.

Dr. Soto —Ud. tiene una infección en la garganta y en los oídos. ¿Es Ud. alérgica a alguna medicina?

Alicia —No, doctor.

Dr. Soto	—Muy bien. Le voy a recetar unas pastillas. Ud. no está embarazada, ¿verdad?
Alicia	—No, doctor. ¿Hay alguna farmacia cerca de aquí?
Dr. Soto	—Sí, hay una en la esquina. Aquí tiene la receta.
Alicia	—¿Tengo que tomar las pastillas antes o después de las comidas?
Dr. Soto	—Después. Espero que se mejore pronto.
Alicia	—Gracias. Me alegro de que no sea nada grave.

Alicia sale del consultorio del médico y va a la farmacia.

Alicia	—*(Piensa)* Ojalá que las pastillas sean baratas. Si son muy caras, no voy a tener suficiente dinero.

Now the dialogues will be read with pauses for you to repeat what you hear. Imitate the speakers' intonation patterns.

III. Preguntas y respuestas

The speaker will ask several questions based on the dialogues. Answer each question, always omitting the subject. The speaker will verify your response. Repeat the correct answer.

1. ¿El señor Paz es médico o es farmacéutico?

2. ¿Alicia tiene catarro o tiene una herida?

3. ¿Alicia tiene dolor de cabeza o dolor de espalda?

4. ¿El farmacéutico le sugiere que vaya a la sala de rayos X o le sugiere que vaya al médico?

5. ¿Alicia necesita unas gotas para los ojos o unas gotas para la nariz?

6. ¿Alicia es alérgica a alguna medicina o no es alérgica a ninguna medicina?

7. ¿El doctor le va a recetar unas pastillas o unas gotas?

8. ¿En la esquina hay un hospital o hay una farmacia?

9. ¿Alicia tiene que tomar las pastillas antes o después de las comidas?

10. ¿El doctor espera que Alicia vuelva pronto o que se mejore pronto?

IV. Puntos para recordar

A. The speaker will ask several questions. Answer each one, using the cue provided to say what the people mentioned should do. Always use the subjunctive. The speaker will verify your response. Repeat the correct answer. Follow the model.

MODELO: —¿Qué quieres tú que yo haga?   (hablar con el médico)
—*Quiero que hables con el médico.*

B. Respond to each statement you hear by saying that Eva doesn't want the people mentioned to do what they want to do. The speaker will verify your response. Repeat the correct answer. Follow the model.

MODELO: Yo quiero bajar.
Eva no quiere que yo baje.

C. The speaker will make some statements describing how she feels. Change each statement so that it expresses an emotion with regard to someone else. The speaker will verify your response. Repeat the correct answer. Follow the model.

MODELO: Me alegro de estar aquí.   (de que tú)
Me alegro de que tú estés aquí.

D. Change each statement you hear so that it expresses an emotion, using the cue provided. The speaker will verify your response. Repeat the correct answer. Follow the model.

MODELO: Ernesto no viene hoy.   (Siento)
Siento que Ernesto no venga hoy.

V. Díganos

The speaker will ask you some questions. Answer them, using the cues provided.
The speaker will verify your response. Repeat the correct answer.

VI. Ejercicios de comprensión

A. You will hear three statements about each picture. Circle the letter of the statement that best corresponds to the picture. The speaker will verify your response.

1.   a b c   2.   a b c   3.   a b c

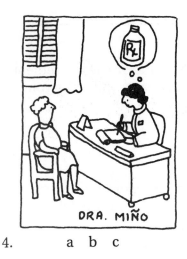

4.   a   b   c

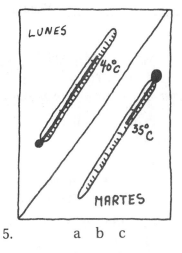

5.   a   b   c

6.   a   b   c

7.   a   b   c

8.   a   b   c

9.   a   b   c

B.   You will hear some statements. Circle **L** if the statement is logical (**lógico**) or **I** if it is illogical (**ilógico**). The speaker will verify your response.

1. L   I   6. L   I

2. L   I   7. L   I

3. L   I   8. L   I

4. L   I   9. L   I

5. L   I   10. L   I

VII.   Para escuchar y escribir

The speaker will read five sentences. Each sentence will be read twice. After the first reading, write what you have heard. After the second reading, check your work and fill in what you have missed.

1. _____

2. _____

3. _____

4. _____

5. _____

LECCIÓN 12 Laboratory Activities

I. Pronunciación

Listen and repeat the following sentences, paying close attention to your
pronunciation and intonation.

1. Prefiero un asiento de pasillo.
2. Tiene que hacer escala en Miami.
3. Queremos pasaje de ida y vuelta.
4. Aquí están sus tarjetas de embarque.
5. La agente de viajes me dio varios folletos.
6. Nos vamos de vacaciones dentro de un mes.

II. Diálogos: De viaje a Buenos Aires

The dialogues will be read first without pauses. Pay close attention to the speakers'
intonation and pronunciation patterns.

*Isabel y Delia quieren ir de vacaciones a Buenos Aires y van a una agencia de viajes
para reservar los pasajes. Ahora están hablando con el agente.*

Isabel	—¿Cuánto cuesta un pasaje de ida y vuelta a Buenos Aires en clase turista?
Agente	—Mil quinientos dólares si viajan entre semana.
Isabel	—¿Hay alguna excursión que incluya el hotel?
Agente	—Sí, hay varias que incluyen el hotel, especialmente para personas que viajan acompañadas.

El agente les muestra folletos sobre varios tipos de excursiones.

Delia	—Nos gusta ésta. ¿Hay algún vuelo que salga el próximo jueves?
Agente	—A ver... Sí, hay uno que sale por la tarde y hace escala en Miami.
Isabel	—¿Tenemos que trasbordar?
Agente	—Sí, tienen que cambiar de avión. ¿Cuándo desean regresar?
Delia	—Dentro de quince días.
Agente	—Muy bien. Necesitan pasaporte pero no necesitan visa para viajar a Argentina.
Isabel	—(*A Delia.*) Llama por teléfono a tu mamá y dile que necesitas tu pasaporte.
Delia	—Bueno... y tú ve al banco y compra cheques de viajero.

El día del viaje, Isabel y Delia hablan con la agente de la aerolínea en el aeropuerto.

Agente	—Sus pasaportes, por favor. A ver... Isabel Vargas Peña, Delia Sánchez Rivas. Sí, aquí están. ¿Qué asientos desean?

Isabel	—Queremos un asiento de pasillo y uno de ventanilla en la sección de no fumar.
Agente	—No hay sección de fumar en estos vuelos. ¿Cuántas maletas tienen?
Isabel	—Cinco, y dos bolsos de mano.
Agente	—Tienen que pagar exceso de equipaje. Son cincuenta dólares.
Delia	—Está bien. ¿Cuál es la puerta de salida?
Agente	—La número cuatro. Aquí tienen los comprobantes. ¡Buen viaje!

En la puerta número cuatro.

"Última llamada. Pasajeros del vuelo 712 a Buenos Aires, suban al avión, por favor."

Isabel	—¡Cobraron demasiado por el exceso de equipaje!
Delia	—¡No hay nadie que viaje con tanto equipaje como nosotras!

Isabel y Delia le dan la tarjeta de embarque al auxiliar de vuelo, suben al avión y ponen los bolsos de mano debajo de sus asientos.

Now the dialogues will be read with pauses for you to repeat what you hear. Imitate the speakers' intonation patterns.

III. Preguntas y respuestas

The speaker will ask several questions based on the dialogues. Answer each question, always omitting the subject. The speaker will verify your response. Repeat the correct answer.

1. ¿Isabel va a viajar sola o va a viajar acompañada?
2. ¿Isabel y Delia quieren pasajes en clase turista o en primera clase?
3. ¿Hay varias excursiones que incluyen el hotel o no hay ninguna?
4. ¿Las chicas van a viajar entre semana o van a viajar el domingo?
5. ¿El avión hace escala en Miami o hace escala en Brasil?
6. ¿Isabel y Delia tienen que trasbordar o no tienen que cambiar de avión?
7. ¿Isabel y Delia quieren regresar dentro de quince días o dentro de un mes?
8. ¿Isabel quiere los asientos en la sección de fumar o en la sección de no fumar?
9. ¿Isabel y Delia tienen mucho equipaje o poco equipaje?
10. ¿Los pasajeros del vuelo 712 deben subir al avión o deben bajar del avión?
11. ¿Las chicas ponen sus bolsos de mano en las maletas o debajo de los asientos?
12. ¿Las chicas le dan la tarjeta de embarque al piloto a al auxiliar de vuelo?

IV. Puntos para recordar

A. Answer each question you hear according to the cue provided, using the subjunctive or the indicative as appropriate. The speaker will verify your response. Repeat the correct answer. Follow the model.

MODELO: —¿Conoces a alguien que viaje a Argentina este verano? (no)
—*No, no conozco a nadie que viaje a Argentina este verano.*

B. Answer each question you hear in the affirmative, using the **tú** command form of the verb. If a question has a direct object, substitute the appropriate direct object pronoun. The speaker will verify your response. Repeat the correct answer. Follow the model.

MODELO: —¿Traigo los folletos?
—*Sí, tráelos.*

C. Answer each question you hear in the negative, using the **tú** command form of the verb. If the question has a direct object, substitute the appropriate direct object pronoun. The speaker will verify your response. Repeat the correct answer. Follow the model.

MODELO: —¿Traigo los billetes?
—*No, no los traigas.*

D. Answer each question you hear, using the cue provided. Pay special attention to the use of the prepositions **a**, **en**, and **de**. The speaker will verify your response. Repeat the correct answer. Follow the model.

MODELO: —¿A qué hora sale el avión?   (a las ocho)
—*Sale a las ocho.*

V. Díganos

The speaker will ask you some questions. Answer them, using the cues provided. The speaker will verify your response. Repeat the correct answer. Follow the model.

MODELO: —¿Viaja Ud. en el invierno?   (no, verano)
—*No, viajo en el verano.*

VI. Ejercicios de comprensión

A. You will hear three statements about each picture. Circle the letter of the statement that best corresponds to the picture. The speaker will verify your response.

1.   a   b   c   2.   a   b   c   3.   a   b   c

LUISA

4. a b c

AVIANCA

PAULA

5. a b c

MÉXICO
ESPAÑA
PERÚ

AÍDA

6. a b c

7. a b c

MARIO

8. a b c

B. You will now hear some statements. Circle **L** if the statement is logical (**lógico**) or **I** if it is illogical (**ilógico**). The speaker will verify your response.

1. L I
2. L I
3. L I
4. L I
5. L I

6. L I
7. L I
8. L I
9. L I
10. L I

VII. Para escuchar y escribir

The speaker will read five sentences. Each sentence will be read twice. After the first reading, write what you have heard. After the second reading, check your work and fill in what you have missed.

1. _____

2. _____

3. _____

4. _____

5. _____

LECCIÓN 13 Laboratory Activities

I. Pronunciación

Listen and repeat the following sentences, paying close attention to your pronunciation and intonation.

1. ¿La habitación tiene aire acondicionado?
2. ¿También tiene cuarto de baño privado?
3. No queremos pensión completa, sólo desayuno.
4. El botones va a llevar el equipaje al cuarto.
5. Tienen que desocupar el cuarto al mediodía.
6. Antes de salir, quiero darme una ducha.

II. Diálogos: ¿Dónde nos hospedamos?

The dialogues will be read first without pauses. Pay close attention to the speakers' intonation and pronunciation patterns.

Hace unos minutos que los señores Paz llegaron al hotel Regis, en Asunción. Como no tienen reservación, hablan con el gerente para pedir una habitación.

Sr. Paz —Queremos una habitación con baño privado, aire acondicionado y una cama doble.

Gerente —Hay una con vista a la calle, pero tienen que esperar hasta que terminen de limpiarla.

Sr. Paz —Bien. Somos dos personas. ¿Cuánto cobran por el cuarto?

Gerente —Trescientos mil guaraníes por noche.

Sra. Paz —¿Tienen servicio de habitación? Queremos comer en cuanto lleguemos al cuarto.

Gerente —Sí, señora, pero dudo que a esta hora sirvan comida.

El Señor Paz firma el registro; el gerente le da la llave y llama al botones para que lleve las maletas al cuarto.

Sr. Paz —¿A qué hora tenemos que desocupar el cuarto?

Gerente —Al mediodía, aunque pueden quedarse media hora extra.

Sra. Paz —(*A su esposo.*) Vamos a un restaurante y comamos algo antes de subir a la habitación.

Sr. Paz —Sí, pero primero dejemos tus joyas en la caja de seguridad del hotel.

Sra. Paz —Oye, no es verdad que el Regis sea tan caro como nos dijeron.

Mario y Jorge están hablando con el dueño de la pensión Carreras, donde piensan hospedarse. Le preguntan el precio de las habitaciones.

Dueño	—Con comida, cobramos novecientos noventa mil guaraníes por semana.
Mario	—¿Eso incluye desayuno, almuerzo y cena?
Dueño	—Sí, es pensión completa. ¿Por cuánto tiempo piensan quedarse?
Mario	—No creo que podamos quedarnos más de una semana.
Jorge	—Tienes razón... (*Al dueño.*) ¿El baño tiene bañadera o ducha?
Dueño	—Ducha, con agua caliente y fría. Y todos los cuartos tienen calefacción.
Mario	—¿Hay televisor en el cuarto?
Dueño	—No, pero hay uno en el comedor.
Mario	—Gracias. (*A Jorge.*) Cuando vayamos a Montevideo, tratemos de encontrar otra pensión como ésta.
Jorge	—Sí. Oye, apurémonos o vamos a llegar tarde al cine.
Mario	—Sí, quiero llegar antes de que empiece la película.

Now the dialogues will be read with pauses for you to repeat what you hear. Imitate the speakers' intonation patterns.

III. Preguntas y respuestas

Now the speaker will ask several questions based on the dialogues. Answer each question, omitting the subject whenever possible. The speaker will verify your response. Repeat the correct answer.

1. ¿El hotel Regis está en Asunción o en Montevideo?
2. ¿Los señores Paz hablan con el gerente o con el botones?
3. ¿Los señores Paz quieren comer en cuanto lleguen a su habitación o más tarde?
4. ¿Quién lleva las maletas de los señores Paz, el botones o el Sr. Paz?
5. ¿Los señores Paz tienen que desocupar el cuarto al mediodía o a la medianoche?
6. ¿Van a dejar las joyas de la Sra. Paz en la caja de seguridad o en la habitación?
7. ¿Mario y Jorge están hablando con el dueño de la pensión o con el empleado?
8. ¿Mario y Jorge piensan quedarse en la pensión por una semana o por un mes?
9. ¿Todos los cuartos de la pensión tienen aire acondicionado o tienen calefacción?
10. ¿Hay televisor en el cuarto o en el comedor?
11. ¿Jorge y Mario van a ir al cine o al teatro?
12. ¿Mario quiere llegar al cine antes de que empiece la película o después de que empiece la película?

IV. Puntos para recordar

A. Change each statement you hear, using the cue provided. The speaker will verify your response. Repeat the correct answer. Follow the model.

MODELO: El baño tiene bañadera.   (no creo)
No creo que el baño tenga bañadera.

B. Change each statement you hear, using the cue provided. The speaker will verify your response. Repeat the correct answer. Follow the model.

MODELO: Le hablo cuando lo veo.   (le voy a hablar)
Le voy a hablar cuando lo vea.

C. Answer each question you hear, using the first-person plural command form and the cue provided. The speaker will verify your response. Repeat the correct answer. Follow the model.

MODELO: —¿Con quién hablamos?   (con el dueño)
—Hablemos con el dueño.

V. Díganos

The speaker will ask you some questions. Answer them, using the cues provided. The speaker will verify your response. Repeat the correct answer.

VI. Ejercicios de comprensión

A. You will hear three statements about each picture. Circle the letter of the statement that best corresponds to the picture. The speaker will verify your response.

1.   a b c   2.   a b c   3.   a b c

4. a b c

5. a b c

6. a b c

7. a b c

8. a b c

9. a b c

B. You will now hear some statements. Circle **L** if the statement is logical (**lógico**) or **I** if it is illogical (**ilógico**). The speaker will verify your response.

1. L I   6. L I
2. L I   7. L I
3. L I   8. L I
4. L I   9. L I
5. L I   10. L I

VII. Para escuchar y escribir

The speaker will read five sentences. Each sentence will be read twice. After the first reading, write what you have heard. After the second reading, check your work and fill in what you have missed.

1. _____

2. _____

3. _____

4. _____

5. _____

LECCIÓN 14 Laboratory Activities

I. Pronunciación

Listen and repeat the following sentences, paying close attention to your pronunciation and intonation.

1. Rosa lavará las sábanas.
2. También fregará los platos.
3. Iré al taller de mecánica esta tarde.
4. Yo le pasaré la aspiradora a la alfombra.
5. No te olvides de sacar la basura.
6. Necesito la escoba y el recogedor.

II. Diálogos: Un día muy ocupado

The dialogues will be read first without pauses. Pay close attention to the speakers' intonation and pronunciation patterns.

Hace dos meses que Rosa y Luis viven en el barrio Mirasierra, en Madrid. Hoy están limpiando la casa y cocinando porque los padres de Luis vendrán a pasar el fin de semana con ellos y la criada tiene el día libre.

Rosa	—Luis, pásale la aspiradora a la alfombra mientras yo barro la cocina.
Luis	—¡Tendrás que tener paciencia, mi amor! Estoy fregando los platos.
Rosa	—¿¡Todavía!? Dame tu pantalón gris para lavarlo después.
Luis	—Yo no lo lavaría aquí; yo lo mandaría a la tintorería para limpiarlo en seco.
Rosa	—Entonces tráeme las sábanas, las fundas y las toallas.
Luis	—No las laves ahora; yo lo haré luego.
Rosa	—Gracias. Eres un ángel. No te olvides de sacar la basura. Está debajo del fregadero.
Luis	—Bueno, y si quieres que limpie el garaje, dame la escoba y el recogedor.
Rosa	—Tendremos que darnos prisa. Oye, acuérdate de llevar mi coche para que lo arreglen.
Luis	—Sí, ayer me di cuenta de que los frenos no funcionaban bien.

Luis cortó el césped, limpió el refrigerador y el garaje, bañó al perro y llevó el coche al taller de mecánica. Rosa lavó, planchó y cocinó.

Por la noche.

Rosa	—Tus padres estarán aquí dentro de media hora.
Luis	—¿Quieres que te ayude a hacer la sangría?

Rosa	—No, eso lo haremos después. Pon estas flores en el florero.
Luis	—¿Ya pusiste el pan en el horno?
Rosa	—No, todavía no. Ahora voy a preparar la ensalada.
Luis	—Ponle un poco de aceite, pero no le pongas mucho vinagre.
Rosa	—Fíjate si tenemos alcachofas y espárragos. Me gustaría usarlos en la ensalada.
Luis	—Sí, hay. Bueno, tendré que empezar a preparar los filetes. Yo sé que a ti te gustan bien hechos.
Rosa	—Sí, o término medio. Voy a poner los cubiertos en la mesa, y la vajilla que nos regalaron tus padres.
Luis	—Ellos se alegrarán mucho de ver que la usamos. ¡Ah! Tocan a la puerta. Voy a abrir.

Now the dialogues will be read with pauses for you to repeat what you hear. Imitate the speakers' intonation patterns.

III. Preguntas y respuestas

The speaker will ask several questions based on the dialogues. Answer each question, omitting the subject whenever possible. The speaker will verify your response. Repeat the correct answer.

1. ¿Rosa quiere que Luis le pase la aspiradora a la alfombra o que barra la cocina?

2. ¿Luis está lavando las toallas o fregando los platos?

3. ¿Luis quiere lavar el pantalón o mandarlo a la tintorería?

4. ¿La basura está en el garaje o está debajo del fregadero?

5. Para barrer el garaje, ¿Luis necesita la escoba o los frenos?

6. ¿Luis llevó el coche al taller de mecánica o a la tintorería?

7. ¿Los padres de Luis vendrán dentro de media hora o dentro de una hora?

8. ¿Rosa va a preparar la ensalada o va a poner las flores en el florero?

9. ¿Luis quiere mucho vinagre en la ensalada o poco vinagre?

10. ¿Quién va a preparar los filetes, Luis o Rosa?

11. ¿Rosa va a poner los cubiertos en la mesa o en el fregadero?

12. La vajilla, ¿la regalaron los padres de Luis o los padres de Rosa?

IV. Puntos para recordar

A. The speaker will read several sentences. Change the verb in each sentence to the future tense. The speaker will verify your response. Repeat the correct answer. Follow the model.

MODELO: Voy a hablar con ellos.
Hablaré con ellos.

B. Change the verbs in each statement you hear to the conditional tense and use the cue provided to say what the people mentioned would do differently. If the sentence includes a direct or indirect object, substitute the appropriate pronoun. The speaker will verify your response. Repeat the correct answer. Follow the model.

MODELO: Ana baña al perro. (ellos / no bañarlo)
Ellos no lo bañarían.

C. Answer each question you hear, using the cue provided. Pay special attention to the use of the prepositions. The speaker will verify your response. Repeat the correct answer. Follow the model.

MODELO: —¿Con quién se va a casar su amigo? (mi hermana)
—Se va a casar con mi hermana.

V. Díganos

The speaker will ask you some questions. Answer them, using the cues provided. The speaker will verify your response. Repeat the correct answer. Follow the model.

MODELO: —¿Barrió Ud. la cocina? (sí, ayer)
—Sí, ayer barrí la cocina.

VI. Ejercicios de comprensión

A. You will hear three statements about each picture. Circle the letter of the statement that best corresponds to the picture. The speaker will verify your response.

1. a b c   2.   a b c   3.   a b c

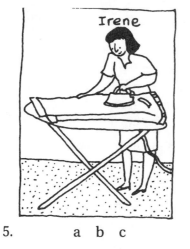

4.   a   b   c   5.   a   b   c   6.   a   b   c

7.   a   b   c   8.   a   b   c

B.   You will now hear some statements. Circle **L** if the statement is logical (**lógico**) or **I** if it is illogical (**ilógico**). The speaker will verify your response.

1. L   I   6. L   I

2. L   I   7. L   I

3. L   I   8. L   I

4. L   I   9. L   I

5. L   I   10. L   I

VII.   Para escuchar y escribir

The speaker will read five sentences. Each sentence will be read twice. After the first reading, write what you have heard. After the second reading, check your work and fill in what you have missed.

1. _____

2. _____

3. _____

4. _____

5. _____

LECCIÓN 15 Laboratory Activities

I. Pronunciación

Listen and repeat the following sentences, paying close attention to your pronunciation and intonation.

1. Aquí hay un anuncio para un piso estupendo.
2. El alquiler nos cuesta un ojo de la cara.
3. Cariño, no te preocupes tanto.
4. ¿Dónde quieres pasar la luna de miel?
5. Mis padrinos nos regalan los muebles de la sala.
6. Quiero que tú elijas la lámpara y la cómoda.

II. Diálogos: Buscando apartamento

The dialogues will be read first without pauses. Pay close attention to the speakers' intonation and pronunciation patterns.

Magali, una chica cubana, y Rafael, un muchacho sevillano, están comprometidos para casarse. Ahora están preparando las invitaciones para la boda.

Magali	—(*Bromeando.*) Si no tuvieras tantos parientes, no tendríamos que mandar tantas invitaciones.
Rafael	—(*Se ríe.*) ¡Pero, cariño, si no los invitáramos, no nos traerían regalos! ¡Ah! Y no te olvides de invitar a mis padrinos.
Magali	—¡Claro que no! Pero, en serio... La recepción va a costar un ojo de la cara...
Rafael	—No te preocupes... Oye, mis padres me dijeron ayer que eligiéramos los muebles para el dormitorio.
Magali	—Yo tengo una cama, así que sólo vamos a necesitar la cómoda y dos mesitas de noche. Y dos lámparas...
Rafael	—Mira, Magali. Aquí en el periódico anuncian un piso que parece estupendo. Escucha.

> **AVISOS CLASIFICADOS**
> Se alquila piso con dos dormitorios. Sala, comedor, cocina y cuarto de baño. Calefacción central. Espacio para estacionar. Teléfono: 256-34-28

Magali	—¡Vamos a verlo hoy mismo!

Esa tarde.

Rafael	—Yo preferiría un piso que tuviera sala de estar y una terraza...
Magali	—¡Me encantan las cortinas y el piso de madera!
Rafael	—Sí, pero si alquiláramos este piso, tendríamos que pintarlo. Además, es un poco caro...
Magali	—Si lo pintáramos, a lo mejor no nos cobrarían el depósito de limpieza.
Rafael	—Bueno, y debo admitir que tiene una ventaja: no tenemos que conducir mucho porque con el autobús llegamos fácilmente al centro.
Magali	—Vamos a hablar con el encargado. Si consigo el puesto en la compañía de seguros, no tendremos problemas para pagar el alquiler.
Rafael	—Bueno, cariño, me has convencido.

Un mes más tarde, Rafael y Magali se casan y van a Mallorca de luna de miel.

Now the dialogues will be read with pauses for you to repeat what you hear. Imitate the speakers' intonation patterns.

III. Preguntas y respuestas

The speaker will ask several questions about the dialogues. Answer each question, always omitting the subject. The speaker will verify your response. Repeat the correct answer.

1. ¿Qué están preparando Magali y Rafael?
2. ¿Qué no tendrían que hacer si Rafael no tuviera tantos parientes?
3. ¿Qué dice Magali de la recepción?
4. ¿Qué le dijeron los padres de Rafael a su hijo?
5. Magali tiene una cama. ¿Qué otros muebles van a necesitar?
6. ¿Cuántos dormitorios tiene el piso que se alquila?
7. ¿Qué preferiría Rafael?
8. ¿Qué le encantan a Magali?
9. ¿Qué dice Magali que no les cobrarían si pintaran el piso?
10. ¿Qué dice Magali que no tendrán si ella consigue el puesto en la compañía de seguros?

IV. Puntos para recordar

A. Change each statement you hear so that it describes the past, using the cue provided. The speaker will verify your response. Repeat the correct answer. Follow the model.

MODELO: Yo quiero que tú vuelvas. (yo quería)
Yo quería que tú volvieras.

B. Change each statement you hear to describe a situation that is hypothetical or contrary to fact, using the cue provided. The speaker will verify your response. Repeat the correct answer. Follow the model.

MODELO: Iré si puedo. (iría)
Iría si pudiera.

C. You will hear a letter that Amalia writes to her friend Graciela. Then the speaker will make several statements about the letter. Circle **Verdadero** or **Falso** for each statement you hear. The speaker will verify your response.

1. Verdadero   Falso
2. Verdadero   Falso
3. Verdadero   Falso
4. Verdadero   Falso
5. Verdadero   Falso

6. Verdadero   Falso
7. Verdadero   Falso
8. Verdadero   Falso
9. Verdadero   Falso
10. Verdadero   Falso

V. Díganos

The speaker will ask you some questions. Answer them, using the cues provided.
The speaker will verify your response. Repeat the correct answer.

VI. Ejercicios de comprensión

A. You will hear three statements about each picture. Circle the letter of the statement that best corresponds to the picture. The speaker will verify your response.

1.   a   b   c   2.   a   b   c   3.   a   b   c

4.   a b c

5.   a b c

6.   a b c

7.   a b c

8.   a b c

9.   a b c

B. You will hear several statements. Circle **L** if the statement is logical (**lógico**) or **I** if it is illogical (**ilógico**). The speaker will verify your response.

1. L I   6. L I
2. L I   7. L I
3. L I   8. L I
4. L I   9. L I
5. L I   10. L I

VII. Para escuchar y escribir

The speaker will read five sentences. Each sentence will be read twice. After the first reading, write what you have heard. After the second reading, check your work and fill in what you have missed.

1. _____

2. _____

3. _____

4. _____

_____

5. _____

_____

Repaso

To review the material you have learned, the speaker will ask you some questions.
Answer each question with a complete sentence, using the cue provided. The speaker
will verify your response. Repeat the correct answer.

1. química
2. un año
3. ciencias económicas, historia y matemáticas
4. en el laboratorio de lenguas
5. el primero de mayo
6. no, en un apartamento
7. sí, mucha
8. jugo de naranja
9. sí, el sábado
10. a las nueve
11. los discos compactos
12. a mi mejor amiga
13. rubia, bonita y simpática
14. al banco
15. abrir una cuenta de ahorros
16. quinientos dólares
17. el dos por ciento
18. con cheques
19. al correo
20. enviar un giro postal
21. sí
22. sí, mucho
23. a las siete y media
24. a la tienda
25. un impermeable y dos pantalones
26. huevos con tocino
27. manzanas, peras y uvas
28. lechuga y tomate
29. en un restaurante
30. chuletas de cordero y puré de papas
31. cinco dólares
32. tuve un accidente
33. un autobús chocó con mi coche
34. sí, en una ambulancia
35. no, mal
36. la cabeza y la garganta
37. sí, una temperatura de 102 grados
38. penicilina
39. a México
40. quinientos dólares
41. de ventanilla
42. un par de zapatos
43. sí
44. sesenta dólares
45. quince días
46. sí
47. un coche grande
48. limpiar mi casa
49. cuatro
50. una cama, una mesa y una silla

VIDEO
ACTIVITIES

Video Activities

Unas Entrevistas en México

Vocabulario

el país   country
la arquitectura   architecture
la capital   capital (*of country, state, province*)
preservada   preserved
la catedral   cathedral
los edificios de gobierno   government buildings
el convento   convent

Preparación

Los lugares en México. In this video segment you will see some important places in Mexico. First match the Spanish word in the left column with its English counterpart in the right column. Then, while watching the video circle the ones you hear the narrator say

la catedral	theater
la pirámide	cathedral
el museo	convent
las ruinas	pyramid
el convento	hotel
la mansión	museum
el hotel	mansion
el teatro	ruins

Comprensión

A. **Las ciudades de México.** Select the word or phrase that best completes the following statements.

1. El Museo Nacional de Antropología está en (la Ciudad de México, Puebla).

2. En México hay muchas minas (arqueológicas, modernas)

3. Unos ejemplos de las civilizaciones precolombinas en México son (los aztecas y las mayas, los incas).

4. La capital del estado de Jalisco es (Puebla, Guadalajara).

5. Puebla es la ciudad colonial (mejor preservada, más moderna).

6. En Puebla es posible visitar (la catedral, el Museo Nacional de Antropología).

B. **¿De dónde son?** While listening to the students in the video tell where they are from, circle the countries and cities you hear them say. Then draw a line connecting the cities with their respective countries. You may use the maps in your textbook as a reference.

El Salvador	Quito
Panamá	San Salvador
Colombia	Madrid
los Estados Unidos	Bogotá
Perú	Asunción
España	la Ciudad de México
Paraguay	El Paso
Uruguay	Ciudad de Panamá
México	Lima
Ecuador	Montevideo

Ampliación

Otro país, otras culturas. In groups of three or four, make a list of questions you would ask a visitor from Mexico based on the images you see in the beginning of the video. You can use the following words and phrases as a guide.

las ruinas arqueológicas	histórico(a)
los mayas	interesante
los aztecas	tradicional
la música	antiguo(a)
el baile	moderno(a)
la arquitectura antigua y la arquitectura moderna	

LECCIÓN **2** Video Activities

En la universidad

Vocabulario

la vida estudiantil   student life
estoy estudiando   I am studying
materia básica   core course, basic requirements
estoy tomando   I am taking
el horario   schedule
mi propio escritorio   my own desk
los grupos de estudio   study groups
el/la compañero/a de la escuela   classmate, schoolmate

Preparación

Las materias. Guess the meanings of the following course names and majors.
Then divide the words into two categories: **las materias** (*courses*) and **las carreras**
(*majors*). Some words may belong in both categories. While watching the video, pay
attention to the pronunciation of these cognates.

español	inglés
sociología	introducción a la comunicación
materia de diseño	historia de México
fotografía en blanco y negro	arquitectura
ciencias de la comunicación	medicina
computación	administración hotelera

Comprensión

A. **Los horarios de los estudiantes.** Pay special attention to the segment where
students answer the question, **¿Cuándo estudias?** Complete the following
statements with the appropriate time of day you hear when the students
describe their class schedules in the video. How does your class schedule
compare?

Orlando: ... a las _____ de la mañana hasta las _____.

Luis: ... de _____ de la mañana a _____ de la tarde, de lunes a miércoles. Los
jueves y los viernes es de _____ de la mañana a _____ de la tarde.

Ivonne: ... es de _____ de la mañana a _____ de la tarde, de lunes a viernes.

José: ... es de lunes a jueves de _____ de la tarde a _____ de la noche y los
viernes de _____ a _____ de la tarde.

B. **¿Con quién estudias?** Select the word or phrase that best completes the following sentences in response to the question, **¿Con quién estudias?**

Luis:

1. Normalmente estudia (solo, con un[a] compañero[a]).

2. De vez en cuando tiene actividades en equipo, y estudia con (su compañero de cuarto, algunos compañeros de la escuela).

Carolina:

3. Estudia (sola, con un[a] compañero[a]).

4. Estudia en (la biblioteca, su cuarto).

Héctor:

5. Mayormente estudia (solo, con algún compañero).

6. A veces estudia con unos compañeros en (la cafetería, en casa de un compañero).

7. En su casa estudia en (su escritorio, la mesa).

Ampliación

A. **¿Y dónde estudias tú?** Take a poll of three to five students about their study habits by having them answer the following questions.

¿Dónde estudias?
¿Cuándo estudias?
¿Con quién estudias?

B. **Diferencias y semejanzas.** With a partner, make a list of at least two differences and two similarities between the university scenes you see on the video and your own school setting. Share your observations with the rest of the class.

LECCIÓN 3 Video Activities

San Antonio, ciudad multicultural

Vocabulario

se combinan   are combined
pasear en bote   to ride a boat
construida   constructed, built
el (la) guía   tour guide
la Feria Mundial   World's Fair
las misiones   missions
el baile   dance
la piñata   candy-filled, papier-maché figure used in birthday celebrations
la charrería   rodeo

Preparación

San Antonio, ciudad de muchas culturas. Match the nationalities listed in the left column with the appropriate country in the right column.

española	los Estados Unidos
alemana	Francia
francesa	México
japonesa	España
china	Alemania
tejana	China
mexicana	Japón

Comprensión

De turista en San Antonio. Select the word or phrase that best completes each statement according to what you understand from the video.

1. En San Antonio, se combinan muchas (culturas, comidas).

2. Puedes pasear en bote en (el Paseo de Río, la charrería).

3. En San Antonio puedes ver la Torre de las Américas, construida en (1918, 1968).

4. En San Antonio hay (5, 15) misiones españolas construidas en los años 1700.

5. Otro nombre de El Álamo es (la Torre de El Álamo, la misión San Antonio de Valero).

6. Un sinónimo de *la charrería* es (el rodeo, la fiesta).

Ampliación

Una visita a San Antonio...   You are going to San Antonio, Texas for two days. With a partner, make a list of things to do during your visit. The following words or phrases may help you. Share your plans with the rest of the class.

MODELO: *Ver los interesantes murales. Escuchar música.*

comer	la arquitectura
comprar	el arte
escuchar (*to listen to*)	los murales
observar	el baile
participar	la música
visitar	el mercado
ver	la comida
	la tradición
	el rodeo

LECCIÓN **4** Video Activities

La familia y el fin de semana

Vocabulario

la vida diaria   daily life
se compone de   is made up of
la viuda   widow
el mayor   the oldest (son)
el tercero de secundaria   third year of high school
el sexto de primaria   sixth grade
la hembra   female
el chiquito   the youngest
andar en bicicleta   to ride a bicycle
jugar con los niños   to play with the children
caminar por la ciudad   to walk around the city
salir con amigos   to go out with friends
ir a la playa   to go to the beach
salir a comer   to go out to eat

Preparación

¿Cómo es tu familia? With a partner answer the following questions based on your own information. You will hear answers to these same questions when you watch the video. After viewing the video, compare your answers with those you hear.

¿Tienes hijos? (¿Cuántos?)
¿Tienes hermanos?
¿Qué piensas hacer este fin de semana?

Comprensión

A.   **¿Verdadero o falso?** Read the following statements. After watching the video, circle **V (verdadero)** or **F (falso)**, according to what you understand about family life. If a statement is false, correct it.

V F   1. La familia es una parte integral de la vida diaria en el mundo hispano.

V F   2. Por lo general, los hispanos no pasan mucho tiempo con su familia.

V F   3. Si el hermano tiene 16 años y la hermana tiene 12 años, el hermano es mayor que la hermana.

V F 4. Según el video, Tamara tiene cuatro hermanas.

V F 5. Según el video, Luis tiene un hermano y una hermana.

V F 6. Según el video, Ivonne tiene una familia grande con dos hermanos y dos hermanas.

V F 7. Según el video, los padres de Rita tienen cuatro hijas.

V F 8. Según el video, Carolina es la única hija en su familia.

B. ¿Qué piensan hacer? Read the statements below and match the weekend activity with the name of the student who said it in the video. There may be more than one possible match.

Rita	salir a comer
Ivonne	ir a discotecas para bailar
Pedro	ir al parque
Carolina	ir a la playa
Héctor	salir con amigos
Tamara	estar en casa
	estudiar
	ir a la fiesta de los latinoamericanos

Ampliación

A. Durante el fin de semana. Review the list of activities from the **Vocabulario** list and the preceding activity and check off the activities you might do on a typical weekend. Then, work with two or three other students to add other activities to the list. Refer to your textbook if needed. Then, divide the activities into two categories: "Things I do with my friends" and "Things I do with my family." Share your observations with the class.

B. Un árbol genealógico. Interview a classmate or a friend about his/her family and create a complete family tree to illustrate it. Be sure to include the names, ages, and relationships of all the family members.

LECCIÓN 5 Video Activities

Puerto Rico, isla encantadora

Vocabulario

el tesoro treasure
la cuadra (city) block
el sabor flavor
el puerto port
las palomas pigeons
la fortaleza fortress, fort
el destino destiny, destination
el bosque lluvioso tropical rain forest

Preparación

¿Qué saben Uds. de Puerto Rico? Review the cultural notes in your textbook. Then, in groups of three or four, make a list of the things you already know about Puerto Rico. The following words or phrases may help start the discussion. Share your knowledge with the rest of the class.

los idiomas que hablan en Puerto Rico
la forma de gobierno
las ciudades principales
la población
puertorriqueños famosos
las atracciones turísticas

Comprensión

A. **Si te interesa...** Choose the word or phrase from the left column that makes the best match with the word or phrase from the right column according to what you understand from the video. There may be more than one possible match.

Si te interesa...	En Puerto Rico puedes visitar...
nadar	el Viejo San Juan
la arquitectura colonial	El Yunque
la historia española	las playas de Puerto Rico
comer algo delicioso	galerías, cafés, restaurantes, hoteles y plazas
visitar una fortaleza	el Castillo San Felipe del Morro
ver la ciudad	un restaurante que sirve comida puertorriqueña
la ecología	el Parque de las Palomas

B. **¿Verdadero o falso?** Read the following statements. After watching the video, circle **V (verdadero)** or **F (falso)**, according to what you understand about Puerto Rico. If a statement is false, correct it.

V F 1. Puerto Rico es una isla tropical.

V F 2. El Viejo San Juan tiene muchos ejemplos de la arquitectura indígena.

V F 3. El Castillo San Felipe del Morro es parte de la historia española en Puerto Rico.

V F 4. En Puerto Rico hay un bosque lluvioso.

V F 5. En la cocina puertorriqueña usan mucho las frutas, el pescado y el arroz.

V F 6. Hay muchas playas en el Viejo San Juan.

Ampliación

Visita Puerto Rico, una isla extraordinaria. With a partner, make a list of at least five reasons you would use to convince a friend to visit Puerto Rico with you. You can use the following suggestions to get you started.

Podemos ir (a un restaurante típico).
Podemos ver...
Podemos visitar...

LECCIÓN **6** Video Activities

En el banco y en la oficina de correos

Vocabulario

están repartidas   are shared
los quehaceres de la casa/las tareas del hogar   household chores
hacer los pagos   to pay the bills
la compra   purchase
no cargar tanto dinero   not to carry so much cash
hacer cola   to wait in line
sacar dinero   to take out money

Preparación

Preguntas personales. With a partner answer the following questions based on your own information. You will hear answers to these same questions when you watch the video. After viewing the video, compare your answers with those you hear.

1. ¿Quiénes hacen las diligencias en tu familia?

2. ¿Usas el cajero automático?

3. Cuando vas de compras, ¿prefieres pagar con cheque, con tarjeta de crédito o en efectivo?

Comprensión

A. **Mis diligencias.** After watching the video, complete the statements below by checking off the phrases that best complete the statement.

1. En las familias de los jóvenes entrevistados... _____ todos hacen las diligencias; _____ el padre no hace nada.

2. En la familia de Juan los quehaceres de la casa se reparten entre... _____ los hermanos; _____ la madre y el padre.

3. En la familia de Olga, ella tiene la responsabilidad de... _____ la casa; _____ los aspectos financieros.

4. Muchas de las personas entrevistadas en el video prefieren pagar... _____ en efectivo; _____ con cheque.

5. Una razón por la cual se paga en efectivo es... _____ no tener cheque; _____ es más fácil.

B. **¿Entiendes?** Watch the video segment about Adriana Aguilar León, the postal worker. Select the word or phrase that best completes the following statements.

1. Hace (8 meses, 8 años) que trabaja en el servicio postal mexicano.

2. Dice que (no le gusta, le encanta) trabajar en el correo.

3. Su horario de trabajo es de las 8:00 de la mañana hasta las 7:00 de la tarde (de lunes a viernes, los fines de semana).

4. Los (sábados, domingos) trabaja desde las 9:00 hasta la 1:00 de la tarde.

5. Un servicio que ofrece la oficina de correos es (la venta de estampillas, alquiler de casas).

Ampliación

Una encuesta. Take a poll of the students in your class on the question below. Then discuss the results with the rest of the class. What does this tell you about today's society?

Cuando vas al banco, ¿qué prefieres, hacer una transacción con un cajero (una persona) o usar el cajero automático? ¿Por qué?

LECCIÓN 7 Video Activities

Costa Rica, costa linda

Vocabulario

el ejército militar   military army
el analfabeto   illiterate (person)
el volcán   volcano
los agricultores   farmers
las carretas   carts
pintar   to paint
encantadoras   enchanting
la reserva biológica   nature reserve (park)
la especie   species
el pájaro   bird
el quetzal   national bird of Costa Rica
el tucán   toucan, another common bird of the Costa Rican rain forests
la mariposa   butterfly

Preparación

¿Qué saben Uds. ya? Review the cultural notes and vocabulary in your textbook and then get together in groups of three or four to answer the following questions about Costa Rica.

1. ¿Por qué van muchos turistas a Costa Rica?

2. ¿Qué saben Uds. de los parques naturales de Costa Rica?

3. ¿Le interesa visitar Costa Rica? ¿Por qué?

Comprensión

A. **¿Verdadero o falso?** Read the following statements. After watching the video, circle **V (verdadero)** or **F (falso)**, according to what you understand about Costa Rica. If a statement is false, correct it.

V F   1. Costa Rica tiene un ejército militar importante.

V F   2. Costa Rica tiene el menor número de analfabetos de todos los países centroamericanos.

V F   3. San Juan es la capital de Costa Rica.

V F   4. Hay varios volcanes activos en Costa Rica.

V F   5. El café es un producto importante para Costa Rica.

V F   6. No hay muchos parques nacionales en Costa Rica.

V F   7. Se pueden ver muchas mariposas y pájaros en los bosques costarricenses.

V F   8. El quetzal es un tipo de mariposa,

B. **Costa Rica.** Complete the following statements with an appropriate word or phrase.

1. Costa Rica es un país _____.

2. La educación es muy _____ para los costarricenses.

3. San José es la capital y la _____ de Costa Rica.

4. La geografía de Costa Rica incluye _____.

5. Un ejemplo de las tradiciones folklóricas de Costa Rica son las _____ pintadas de Sarchí.

6. Hay numerosas _____ en las reservas biológicas de Costa Rica.

Ampliación

Una entrevista. Imagine that you and a partner are going to interview the following people from Costa Rica. Make a list of at least three questions to ask each of them about their country and their job.

1. The artisan who paints the famous **carretas pintadas de Sarchí**

2. The park ranger at Volcán Arenal National Park

3. A biologist from one of the biological reserves in Costa Rica

4. A school teacher from San José

LECCIÓN **8** **Video Activities**

La comida y el mercado

Vocabulario

los puestos   stands (*in a market*)
las verduras   vegetables
Venga. Pruebe.   Come. Try (them).
la guayaba   guava
la mandarina   mandarin orange
las comidas ya preparadas   prepared foods
las cosas han cambiado   things have changed
mejor calidad   better quality
Confío más en...   I have more confidence in . . .

Preparación

De compras. First, review the following lists of foods. Watch the video once
without sound and check off the foods you see. Then, watch the video again with
sound and mark with an X the foods you hear the narrator say.

_____ las uvas	_____ el chorizo	_____ la sandía
_____ las naranjas	_____ la mantequilla	_____ los huevos
_____ el pescado	_____ las manzanas	_____ las fresas
_____ la lechuga	_____ los plátanos (los guineos)	_____ el pan
_____ el queso	_____ las papas	

Comprensión

A.   **¿Adónde voy para comprar...?** Review the following places to shop and mark
     with an "X" the places that are shown in the video. Then, with a partner, make
     a list of the items one can purchase at each place. You may wish to review the
     chapter vocabulary to complete this task.

_____ la carnicería	_____ la frutería
_____ el mercado	_____ la pescadería
_____ el supermercado	_____ la panadería
_____ la zapatería	_____ la farmacia

B. **Prefiero ir de compras...** Select the word or phrase that best completes the following statements.

1. Otmara siempre va (al supermercado, a tiendas pequeñas).

2. Pedro va al supermercado (los viernes, una vez al mes).

3. María va (mucho, muy poquito) al supermercado.

4. Miriam prefiere ir al supermercado porque (se encuentra de todo, es más barato).

5. Jaime va de compras al mercado cada (15 días, 5 días).

6. Cerca de la casa de Jaime hay (tiendas pequeñas, mercados al aire libre).

Ampliación

A. **Mi lista de compras.** With a partner, make a shopping list for the food you will need for a typical week at home. Be sure to decide where you will go shopping and what you need to buy from each place.

B. **Las compras en varios lugares.** With a partner, discuss in Spanish the differences and similarities between food shopping in the area where you live and the food shopping you see in the video. Use the following questions as a guide.

¿Adónde vas para comprar la comida?
¿Con qué frecuencia vas de compras?
¿Qué tipos de tiendas hay cerca de donde vives?

LECCIÓN **9** **Video Activities**

Santafé de Bogotá, Colombia

Vocabulario

el corazón   heart
el tejado   roof
el campanario   bell tower
la torre   tower
la cúpula   dome, cupola
el rascacielos   skyscraper building
el cerro   hill

Preparación

¿Qué van a ver? Review the cultural notes in your textbook as an introduction to Santafé de Bogotá, the capital of Colombia. With a partner try to predict what you will see in the video about Bogotá. The following words and phrases will help you make a valid prediction. After viewing the video, compare your prediction with what you saw.

> el centro comercial e industrial
> el sector histórico y turístico
> los edificios de gobierno
> el centro urbano
> el oro precolombino

Comprensión

A. **¿Entiendes?** Watch carefully the video segment about Santafé de Bogotá. Select the word or phrase that best completes the following statements.

1. Santafé de Bogotá tiene más de (6 millones, 4 millones) de habitantes.

2. El corazón de la antigua Santafé de Bogotá se llama (La Candelaria, Santafé).

3. En La Candelaria se encuentra la famosa plaza de (Bolívar, San Martín).

4. En el Museo del Oro se pueden encontrar (2 mil, 20 mil) piezas de oro.

5. En las joyerías y galerías de Bogotá se pueden comprar réplicas de piezas (modernas, precolombinas) del museo.

B.   **¿Cuál es la mejor respuesta?** Match each item from the left column with the historical landmark in Santafé de Bogotá listed in the right column.

los tejados	la Catedral
las torres	el Museo del Oro
la cúpula	las Torres del Parque
los campanarios	la Capilla del Sagrario
una colección de piezas precolombinas	la Iglesia de San Ignacio
los modernos rascacielos	las casas coloniales

Ampliación

Lo moderno y lo antiguo. The video describes Santafé de Bogotá as a city with a combination of "**lo moderno y lo antiguo**". Watch the video again and listen carefully to the narrator. Working in small groups of three or four students, find at least three examples of this contrast of modern life and the past. Share your observations with the rest of the class.

LECCIÓN 10 Video Activities

En el hospital

Vocabulario

la patología   pathology
la hematología   hematology
la urgencia médica   medical emergency
pocos recursos   few resources, poor
gratuita   free
el problema respiratorio   respiratory problem
el problema gastrointestinal   gastrointestinal problem
el riesgo   risk
el exceso de peso   too much weight
excederse   to exceed

Preparación

Expresiones útiles para una emergencia médica. Working with a partner, make a list of words or phrases you might need to use in the following locations of a hospital or clinic. Then compare your list of medical vocabulary with the rest of the class. Be sure to include words or expressions from your own medical experiences and refer to your textbook if needed.

en una ambulancia
en la sala de espera
en el laboratorio
en la clínica

Comprensión

A.   **¿Cuál es la mejor respuesta?** Select the word or phrase that best answers the following questions according to what you understand from the video.

1. ¿Cuál es la profesión del Dr. Brambilla? Es (médico y jefe de laboratorio, paciente).

2. ¿Cómo son los pacientes de la clínica del Dr. Brambilla? (Tienen pocos recursos. Son estudiantes de medicina.)

3. ¿Qué hacen los técnicos en el laboratorio? (Hacen análisis. Esperan la ambulancia.)

4. ¿Quiénes ven a los pacientes en la clínica del Dr. Brambilla? Los ven (los médicos y los alumnos de la facultad de medicina, otros pacientes).

5. ¿Qué enfermedades ven los médicos en la clínica? Ven problemas (gastrointestinales, cardiacos).

B. **Las partes del cuerpo.** Match the medical terms used by Dr. Brambilla in the video in the left column with the corresponding part(s) of the body in the right column. More than one body part may match with each medical term.

los problemas respiratorios	el pecho
los problemas gastrointestinales	la boca
no fumar	el estómago
no tomar	el cuerpo
la alimentación	la cabeza
el aspecto psicológico	el tobillo
el exceso de peso	el brazo

Ampliación

A. **Más preguntas.** With a partner write a list of five more questions you would like to ask Dr. Brambilla in the interview about his work in the clinic. You can ask him about his patients, his work hours, his typical day in the clinic, or his toughest medical emergency.

B. **Para mantenerse...** Work with a partner and interview each other to find out how each person tries to stay in good health and in good shape. Use the question **¿Qué haces para mantenerte en buena salud?**

11 Video Activities

Ecuador, un país en la Mitad del Mundo

Preparación

¿Qué saben Uds. de geografía? Locate Ecuador on a detailed map of South America. Then locate the equator and the cities of Quito, Otavalo, and Mitad del Mundo. Work with a partner and discuss what you can tell about the geography of Ecuador from the map. Then make predictions about what you will see of Ecuador on the video. After viewing the video, compare your predictions with what you saw.

Comprensión

A. **¿Verdadero o falso?** Read the following statements. After watching the video, circle **V (verdadero)** or **F (falso)**, according to what you understand about Ecuador. If a statement is false, correct it.

V F 1. La selva amazónica está en Ecuador.

V F 2. La línea ecuatorial pasa por Quito, la capital.

V F 3. Hay un monumento principal en la ciudad "Mitad del Mundo" que está en la línea ecuatorial.

V F 4. Hay muchas montañas en Ecuador.

V F 5. Los guardias protegen la Iglesia de San Francisco de Quito.

V F 6. La iglesia San Francisco de Quito es la más antigua del continente.

V F 7. Otro nombre que se usa para Ecuador es "Ecuador, Milagro Ecológico".

B. **¿Cuál es la mejor respuesta?** Complete the following statements with a word or phrase according to what you understand from the video.

1. En la latitud de _____ grados, _____ minutos y _____ segundos está la ciudad de Mitad del Mundo.

2. Tres ciudades de Ecuador que aparecen en el video son _____, _____ y _____.

3. Un edificio de estilo barroco que se encuentra en Quito es _____.

4. Los guardias que protegen el palacio de gobierno llevan _____.

5. El palacio de gobierno está en la Plaza de _____.

6. Las calles estrechas de Quito causan problemas de _____.

7. La Plaza de los Ponchos está en la ciudad de _____, donde se vende mucha artesanía indígena.

Ampliación

Lo indígena y lo colonial. Watch the video again and pay special attention to the examples that reflect **el pasado indígena** and **el pasado colonial** in Ecuador. Work in groups of three or four students to make a list of the contrasts between **lo indígena** y **lo colonial**. The following words or expressions may get you started.

la gente
la artesanía
las llamas
la arquitectura barroca
los edificios
las tradiciones
la ciudad
el campo

LECCIÓN 12 Video Activities

De viaje

Vocabulario

me gustaría   I would like
la ubicación   location
la plaza comercial   shopping district
una buena labor de venta   a good sales job
todo lo que tenga que ver con   everything that has to do with
algún día   someday

Preparación

¿Viajas mucho? Interview a partner about his/her travel experience using the following questions. Then with the rest of the class, list on the board all the countries visited by students in your class.

¿Qué países conoces?
¿Qué idiomas hablas?
¿Cuáles son tus sitios favoritos para visitar?
¿Qué países quieres conocer en el futuro?

Comprensión

A.   Muchos países. Look at the following list of countries. As you watch the video, check off the countries you hear mentioned when the students answer the question, **¿Qué países conoce Ud.?** Determine which countries were mentioned most. Then, compare the list of countries visited by the students interviewed on the video to the list of countries visited by your classmates (from the previous **Preparación** activity).

_____ Argentina	_____ los Estados Unidos	_____ Perú
_____ Bolivia	_____ Francia	_____ Portugal
_____ Brasil	_____ Grecia	_____ República Dominicana
_____ Canadá	_____ Irlanda	_____ Turquía
_____ Chile	_____ Israel	_____ Uruguay
_____ Colombia	_____ Marruecos	_____ Venezuela
_____ Egipto	_____ México	
_____ España	_____ Paraguay	

B. ¿Cuál es la mejor respuesta? Answer the following questions according to what you understand from the video.

1. ¿Cuál es la profesión de Olivia Macías? _____

2. ¿Cuáles son las nacionalidades de los clientes de Olivia Macías?

   _____

3. ¿Qué tipos de servicios ofrecen en la agencia de viajes?

   _____

4. ¿Por qué es importante para el trabajo de Olivia Macías hablar inglés?

   _____

5. ¿Por qué es importante que Olivia Macías viaje y conozca otros lugares?

   _____

Ampliación

Soy agente de viajes. Play the role of a travel agent in your town or city and answer the following questions about the area around you and about your country. Your objective is to promote foreign tourism in your area.

1. ¿Cuáles son los lugares de interés más importantes de tu pueblo o ciudad?

2. ¿Cuáles son tus sitios favoritos para visitar en la ciudad o el estado donde vives?

3. ¿Cuáles son los sitios de los Estados Unidos que todos los extranjeros deben visitar?

LECCIÓN 13 Video Activities

Las vacaciones

Vocabulario

compartí con   I shared with
de regreso   on the return trip
darme la vuelta   to take a trip, to pass through
no cansa tanto   doesn't wear you out
queda demasiado lejos   is located too far away
me fascinó   (it) fascinated me

Preparación

Las vacaciones.   Interview a partner about his/her vacations. Then pool the class results and list all the vacation destinations and activities on the board. Try to determine the most popular vacation destinations and activities for your class. Use the following questions as a guide.

> ¿Cómo pasaste las vacaciones este año?
> ¿Adónde fuiste de vacaciones este año?
> ¿Qué planes tienes para las próximas vacaciones?

Comprensión

A. **¿Verdadero o falso?**   Read the following statements. After watching the video, circle **V** (**verdadero**) or **F** (**falso**), according to what you understand about the vacation plans of the students. If a statement is false, correct it.

V F   1. La mayoría de los estudiantes entrevistados no fueron a visitar a sus familias.

V F   2. Tamara fue a la playa.

V F   3. John fue de vacaciones a los Estados Unidos.

V F   4. Zaida fue a Guatemala para visitar a su familia.

V F   5. Para estas vacaciones Milka va a Bolivia.

V F   6. Carolina quiere viajar por el sur de México.

V F   7. Carolina va a viajar con su familia por la costa.

V F   8. Los estudiantes entrevistados prefieren viajar en autobús.

Now review the video again and compare the different vacation plans of the students. Which vacation interests you the most? Which interests you the least?

B. **¿Cuál es la mejor respuesta?** Select the word or phrase that best completes the following statements according to what you understand from the video.

1. Algunos estudiantes (pasaron las vacaciones en su país, tomaron clases de verano).

2. A Gustavo le gustó mucho visitar (Buenos Aires, Madrid).

3. Por lo general los estudiantes piensan que si el viaje es largo, es mejor viajar en (avión, autobús).

4. A Pablo le gusta más (Paraguay, Argentina, España).

5. Ángela viajó a (Canadá y los Estados Unidos, México).

6. A Leonardo le gustó mucho (el Medio Oriente, Chile).

Now answer the following questions about the places visited by students.

¿Conoces alguno de los lugares nombrados en los planes de vacaciones en el video? Si no, ¿cuál te gustaría conocer? ¿Por qué?

Ampliación

Mis planes de viaje. Think back to all the places in the Spanish-speaking world you have seen in the *¡Hola, amigos!* Video. Work with a partner to make plans for a trip to one of the locations you saw on the video. Use the following questions to help you make plans for the trip.

De los lugares que viste en el video ¿cuál te gustó más? ¿Por qué?
¿Qué medio de transporte prefieres usar para viajar a este lugar?
¿Cuáles son las ciudades que quieres visitar?
¿Qué cosas quieres hacer en el viaje?
¿Con quién quieres viajar?

LECCIÓN 14 Video Activities

Madrid, ciudad sin igual

Preparación

Temas para investigar. Before viewing the video, choose and research one of the Madrid landmarks listed below and prepare a brief presentation for the class. You can use an encyclopedia or research the World Wide Web. Afier viewing the video, compare what you learned from your research with what you learned from the video.

> el Palacio Real
> Felipe IV
> la Plaza Mayor
> el Museo del Prado
> el Centro de Arte Reina Sofía
> el Parque del Retiro

Comprensión

A. **¿Cuál es la mejor respuesta?** Select the word or phrase that best completes the following sentences according to what you understand from the video.

1. Los madrileños (adoran Madrid, prefieren otras ciudades).

2. En la Puerta del Sol se puede (tomar un autobús o el metro, ver las obras de Picasso).

3. En Madrid hay museos de fama (nacional, mundial).

4. En Madrid se puede saborear una deliciosa (paella, enchilada).

B. **Los monumentos de Madrid.** Match the names from the right column that correspond with the monuments or places in Madrid from the left column according to what you understand from the video. More than one match is possible. Then give a brief description of at least 3 of the places you see on the video.

una estación de tren	Neptuno
una fuente	Centro de Arte Reina Sofía
un museo	El Prado
una estación de metro	Puerta del Sol
una estatua	Puerta de Atocha
un parque	Felipe IV
una plaza	Cibeles
	Retiro
	Cristóbal Colón

Ampliación

Mi pueblo lo tiene todo... Review the ending of the video segment and pay close attention to the ending comment: **Madrid lo tiene todo: nuevo, viejo, joven, serio y juguetón.** The video describes Madrid using these five adjectives with five associated images. Using this statement about Madrid as a model, work with a partner to describe a location of your choice (the university town or your own hometown) using four or five adjectives with corresponding images or places. Compare your town descriptions with those of the rest of your class.

LECCIÓN 15 Video Activities

Sevilla, maravilla mora

Vocabulario

la maravilla   marvel, wonder
está grabada   is recorded
gótica   gothic (style)
la mezquita   mosque
el cante   singing, song
las palmas   clapping
el alma   soul
andaluza   Andalusian, from Andalusia

Preparación

¿Qué sabes de...? Before viewing the video, read the following list of words and phrases and brainstorm what you already may know about Sevilla. After viewing the video, compare what you already know with what you learned from the video.

Andalucía
la historia de Sevilla
los árabes
las tapas
el flamenco

Comprensión

A. **¿Verdadero o falso?** Read the following statements. After watching the video, circle **V (verdadero)** or **F (falso)**, according to what you understand about Sevilla. If a statement is false, correct it.

V F   1. La Plaza de España es el sitio turístico más popular de Sevilla.

V F   2. La Catedral de Sevilla es de estilo gótico.

V F   3. El campanario de la catedral de Sevilla se llama El Alcázar.

V F   4. El Alcázar es un palacio real donde vive el rey de España.

V F   5. La arquitectura de Sevilla tiene influencia árabe.

V F   6. La guitarra es una parte importante del flamenco.

V F   7. Las tapas son una parte importante de la vida social sevillana.

V F   8. La Torre del Oro es un museo de arte.

B. Ahora, ¿qué sabes de...? Complete the following phrases according to what you understand about Sevilla from the video. Include as much information as you can about each item.

1. La Torre del Oro _____.

2. El flamenco es una forma de arte que _____.

3. La Giralda es _____.

4. La Catedral de Sevilla _____.

5. En La Plaza de España hay _____.

6. Las tapas _____.

7. Sevilla _____.

Ampliación

Madrid y Sevilla. Review the video segment about Madrid (*Lección 14*) and compare it to the segment on Sevilla (*Lección 15*). Work in groups of three or four students to make a list of comparisons and contrasts between what you've learned about these two Spanish cities. Share your observations with the rest of the class.

Answer Keys

Answers to Workbook Activities

Lección preliminar

A. 1. martes   2. jueves / viernes   3. viernes / sábado   4. lunes / miércoles   5. domingo / lunes

B. martes, miércoles, jueves, viernes, sábado, domingo

Matemáticas: lunes, miércoles, viernes
Español: lunes, martes, miércoles, jueves, viernes
Música: sábado
Historia: martes, jueves
Biología: jueves, viernes
Literatura: martes, sábado

C. 1. nueve   2. cuatro   3. siete   4. dos   5. ocho   6. tres   7. cero   8. uno   9. cinco   10. seis   11. diez

D. 1. anaranjado   2. blue   3. rosado   4. gray   5. rojo   6. green   7. amarillo   8. black   9. blanco   10. brown   11. morado

E. 1. Buenas tardes, Eva. ¿Cómo estás?   2. Buenos días, Teresa. ¿Qué hay de nuevo?   3. Hola, Carlos, ¿qué tal?   4. Adiós, Alicia. Buenas noches.   5. Hasta mañana, Sandra. Saludos a Ana.   6. Hasta la vista, (Nos vemos) Ester.

F. 1. Pase. Tome asiento.   2. Más despacio, por favor.   3. Gracias (Muchas gracias).   4. De nada.

Lección 1

A. la / una   2. las / unas   3. los / unos   4. el / un   5. la / una   6. las / unas   7. el / un   8. los / unos   9. la / una   10. el / un

B. 1. tú   2. ella   3. usted (Ud.)   4. ellas   5. nosotros   6. nosotras   7. él   8. ustedes (Uds.)   9. yo   10. ellos

C. eres / soy / son / somos / es / es / son

D. 1. La / cubana   2. El / mexicano   3. Las / bonitas   4. El / alto   5. Los / norte-americanos   6. La / roja   7. Las / inglesas   8. Los / morados

E. 1. trabajadores / simpáticos   2. azul   3. inteligentes   4. simpática / bonita   5. españolas   6. altos / delgados   7. nueva   8. verde / blanco

F. 1. _____, once, _____, trece, _____, quince, _____, diecisiete, _____,

diecinueve, _____, _____, _____, veintitrés, _____, veinticinco   2. _____. cuarenta, _____, sesenta, _____, ochenta, _____, cien

G. 1. sesenta y cinco libros   2. sesenta y nueve estudiantes   3. cuarenta y seis hombres   4. cincuenta y ocho mujeres   5. noventa y tres sillas   6. treinta y dos cuadernos

H. 1. Buenos días. / Bien, gracias, ¿y Ud.? / Adiós.   2. ¿Cómo se llama Ud.? (¿Cómo te llamas tú?) / Mucho gusto.   3. ¿Cómo se dice "see you tomorrow"? / ¿Qué quiere decir "puerta"?   4. ¿Cómo es Adela?

I. 1. el borrador   2. la pizarra   3. la luz   4. el escritorio   5. el cuaderno   6. el cesto de papeles   7. el estudiante   8. la mochila   9. el papel   10. la tablilla de anuncios

J. Crucigrama
HORIZONTAL: 1. buenas   5. alumna   6. hasta   7. llama   9. mexicana   11. universidad   14. dice   15. bolígrafo   17. quiere   18. Habana
VERTICAL: 2. estudiante   3. compañera   4. silla   8. ventanas   10. norteamericanos   12. delgada   13. computadoras   16. muchacha

K. 1. La profesora es la doctora Luisa Vidal.   2. La profesora es de La Habana, Cuba.   3. Hay once estudiantes en la clase.   4. La clase es por la noche.   5. No, Lupe no es de Cuba; es de México.   6. No, John no es mexicano; es norteamericano.   7. Hoy es lunes.   8. Hay una ventana en la clase.

Para leer: 1. La doctora Irene Santillana es de Madrid.   2. No, es profesora.   3. Es inteligente y muy simpática.   4. María Inés es mexicana.   5. María Inés es de Puebla.   6. El señor José Armando Vidal es cubano.   7. Es de La Habana.   8. No, no es profesor; es estudiante.   9. Es alto, delgado y guapo.

Para escribir: *Answers will vary.*

Lección 2

A. 1. Nosotros conversamos con el profesor.   2. Ella estudia química.   3. Tú hablas español.   4. Ud. necesita el horario de clases.   5. Yo tomo matemáticas.   6. ¿Dónde trabaja él?   7. Tú y yo terminamos a las dos.   8. Él y ella desean un vaso de leche.

B. 1. _____ ¿Habla español él? Él no habla español. 2. Eva es profesora. ¿Es Eva profesora? _____ 3. Desean leche. _____ No desean leche. 4. Ana necesita el horario. ¿Necesita Ana el horario? _____ 5. _____ ¿Es estudiante Tito? Tito no es estudiante. 6. _____ ¿Trabaja Luis hoy? Luis no trabaja hoy. 7. Estudiamos sociología. _____ No estudiamos sociología. 8. Nora es cubana. ¿Es cubana Nora? _____.

C. 1. Elsa toma jugo de naranja porque no desea tomar jugo de tomate. 2. Nosotros tomamos una taza de té porque no deseamos tomar café. 3. Ellos toman un vaso de leche porque no desean tomar té helado. 4. Tú tomas una copa de vino blanco porque no deseas tomar vino tinto. 5. Ud. toma una botella de agua mineral porque no desea tomar cerveza.

D. 1. mis 2. su 3. Nuestra 4. sus 5. su 6. mi 7. Su 8. nuestros 9. su 10. sus

E. 1. Sí, (yo) necesito hablar con mis compañeros de clase. 2. Sí, (nosotros) deseamos estudiar en nuestra casa. 3. Sí, el profesor necesita mi cuaderno. 4. Sí, (nosotros) estudiamos con nuestros compañeros de cuarto. 5. Sí, nuestras profesoras son de Madrid. 6. Sí, Ud. (tú) necesita(s) hablar con sus (tus) profesores hoy. 7. Sí, la profesora habla con sus estudiantes. 8. Sí, Ud. necesita hablar con sus estudiantes hoy.

F. 1. los 2. la 3. la 4. el 5. las 6. la 7. la 8. el 9. los 10. el 11. la 12. el 13. los 14. las 15. el

G. 1. La clase de física es a las nueve y media de la mañana. 2. La clase de biología es a la una y veinte de la tarde. 3. La clase de historia es a las ocho menos cuarto de la noche. 4. La clase de inglés es a las ocho y diez de la noche. 5. La clase de química es a las tres y cuarto de la tarde. 6. La clase de informática es a las once de la mañana.

H. 1. Hoy es el primero de marzo. 2. Hoy es el quince de enero. 3. Hoy es el treinta de noviembre. 4. Hoy es el veinte de junio. 5. Hoy es el catorce de diciembre. 6. Hoy es el diez de agosto. 7. Hoy es el once de febrero. 8. Hoy es el veinticinco de abril.

I. 1. el otoño 2. la primavera 3. el invierno 4. el verano

J. Crucigrama
HORIZONTAL: 3. horario 6. termina 9. asignatura 11. noche 12. leche 13. vaso 15. tarde 16. español

17. Dónde 18. copa 19. matemáticas 21. inglés 22. jugo
VERTICAL: 1. frío 2. conversar 4. laboratorio 5. botella 7. cerveza 8. biblioteca 10. taza 14. tomamos 20. hielo

Para leer: 1. No, estudian en San Diego, California. 2. Roberto no trabaja este semestre. 3. Toma química, historia, inglés, biología, sociología y literatura. 4. Toma tres clases. 5. Toma física, administración de empresas y psicología. 6. Roberto toma literatura este semestre. 7. Conversan en la cafetería. 8. Roberto toma (una taza de) café y Ana toma (un vaso de) leche. 9. No trabaja porque toma muchas asignaturas. 10. Toma solamente tres clases porque trabaja en el laboratorio de lenguas y en la biblioteca.

Para escribir: *Answers will vary.*

Lección 3

A. 1. viven / vivimos 2. comes / como / bebo 3. escribe / escribo 4. corren / corren 5. debe / Debe

B. 1. la novia de Alberto 2. el apartamento de María 3. la secretaria de la señora Vega 4. la impresora de Roberto 5. el idioma de los estudiantes 6. el profesor (la profesora) de Raúl

C. 1. Vengo a las ocho. 2. Tengo física y química. 3. Tenemos cuatro profesores. 4. Venimos con la señorita Ortiz. 5. Tiene veinte libros. 6. No, tú no tienes mi libro. 7. Sí, viene a la universidad los sábados. 8. No, no tienen clases los viernes.

D. 1. tiene que estudiar 2. tenemos que ir 3. tienes que hablar 4. tengo que comer 5. tienen que escribir

E. 1. tienes (mucho) frío. 2. tiene (mucho) sueño. 3. tenemos (mucha) prisa. 4. tengo (mucho) calor. 5. tiene (mucha) hambre. 6. tienen (mucha) sed.

F. 1. trescientos cinco 2. cuatrocientos dieciséis 3. quinientos veintisiete 4. seiscientos treinta y cinco 5. setecientos cuarenta y dos 6. ochocientos cincuenta y seis 7. novecientos sesenta y nueve 8. trece mil ciento setenta y ocho

G. Crucigrama
HORIZONTAL: 4. bebemos 7. identificación 9. estado 10. hambre 12. siempre 14. casa 16. electrónicos 18. comen 19. navegar 21. japonés 23. ordenador 25. ruso 26. pantalla

266 Answer Key: Workbook Activities

VERTICAL: 1. italiano   2. francés   3. librería
5. sed   6. universitaria   8. tienen
11. acceso   13. impresora   14. cheque
15. después   17. archivar   18. chino
20. alemán   22. portugués   24. ratón

H. 1. Aurora trabaja en una librería.   2. Trabaja cuatro horas.   3. Come con Sergio.   4. La novia de Sergio es Eva.   5. Daniel tiene que estudiar matemáticas.   6. Estudia por la noche.   7. Daniel bebe café (té).   8. Aurora bebe leche (agua, jugo).   9. Tiene que correr a las cinco de la mañana.   10. Corre con Ana.   11. No, Olga no tiene dinero.   12. Olga necesita un libro.

Para leer: 1. Es norteamericana.   2. Estudia en la Universidad de Arizona.   3. Vive en la residencia universitaria.   4. Toma francés, física, historia y química.   5. Trabaja en la biblioteca.   6. Estudia con Pedro Morales.   7. No, Pedro es latinoamericano.   8. No, no vive en la residencia universitaria; vive en un apartamento.   9. Habla tres idiomas: español, inglés y francés.   10. Mañana comen en la cafetería.

Para escribir: *Answers will vary.*

Lección 4

A. 1. esta / estas / estos / este   2. ese / esos / esas / esa   3. aquella / aquel / aquellas / aquellos

B. 1. conoces / a / tiene   2. llevas a / llevo a   3. llevar   4. conocen / conocemos   5. llevar a

C. 1. del / de la / de las / del   2. a la / a los / al / a las   3. del / de la / de los / de las

D. 1. da / vas / voy / está / Está   2. está / Está / va / están   3. dan / damos / das / doy

E. *Answers will vary. Possible answers:* 1. Voy a estudiar.   2. Va a beber el refresco.   3. Vamos a comer los sándwiches.   4. Vas a nadar.   5. Va a escribir.   6. Van a bailar.

F. 1. conozco / sé   2. sabes   3. conocemos / sabemos   4. sabes   5. conoce   6. sabe

G. 1. del cine   2. una novia muy bonita   3. al laboratorio de lenguas   4. conoce a tu hermana   5. a nuestro perro al veterinario   6. sé su número de teléfono

H. Crucigrama
HORIZONTAL: 1. actividades   4. planear
5. hermana   7. queso   8. abuelo   9. tío
10. algo   13. camarero   14. partido
17. sabe   19. piscina   20. suegra
21. padres   22. patinar   24. semana
25. yerno

VERTICAL: 2. concierto   3. fruta   4. pareja
6. nieto   9. teatro   11. ganas
12. cansada(o)   15. invitado(a)   16. cuñado
18. esposa   22. prima   23. aprendemos

I. 1. Va a jugar al tenis a las ocho (de la mañana). Va a jugar con Julio.   2. Va a estar con Ana y con Eva.   3. A las tres va a ir al club y va a nadar.   4. Va a ir al concierto con Julio a las nueve (de la noche).   5. El sábado a las nueve va a ir a patinar con Olga.   6. Eva, Silvia y Rosa van a ir a la playa con Nora.   7. El jefe de Julio da una fiesta.   8. Nora va a ir al parque de diversiones. Va a ir el domingo a las nueve (de la mañana).   9. Va a cenar con Julio y con sus padres.   10. Julio es el novio de Nora.

Para leer: 1. Tienen que ir a una fiesta.   2. El jefe de Rosaura da la fiesta.   3. Va a una discoteca.   4. Sí, tiene novia.   5. Es enorme.   6. Van al estadio.   7. Van a la iglesia.   8. Los padres de su esposo están invitados a comer.

Para escribir: *Answers will vary.*

Lección 5

A. 1. ¿Qué estás leyendo?   2. ¿De qué estamos hablando?   3. ¿Qué están pidiendo ellos?   4. ¿Qué estás diciendo?   5. ¿Carlos está durmiendo?   6. ¿Qué estoy comiendo?   7. ¿Están trayendo los libros?   8. ¿Ud. está sirviendo café?

B. 1. ¿Qué hora es?   2. ¿Ud. es cubano? (¿Es Ud. cubano?)   3. ¿Dónde está tu novio?   4. ¿Tu papá (padre) es alto? (¿Es alto tu papá [padre]?)   5. ¿Qué está leyendo, Srta. Peña?   6. ¿Dónde es la fiesta?   7. ¿Tu mamá (madre) es profesora? (¿Es profesora tu mamá [madre]?)   8. ¿La silla es de plástico? (¿Es de plástico la silla)   9. ¿Crees que Andrea está bonita hoy?   10. ¿Estás cansado?

C. 1. ¿Dónde está Ana?   2. ¿De dónde eres tú (es Ud.)?   3. ¿El disco compacto es de Pedro?   4. ¿Cómo es Verónica?   5. ¿Está(s) ocupada?   6. ¿La mesa es de metal?   7. ¿Qué día es hoy?   8. ¿Qué están haciendo Sandra y Carlos?

D. 1. Yo quiero café.   2. La fiesta empieza a las ocho.   3. Nosotros pensamos ir.   4. ¿Tú prefieres ensalada?   5. Cierran a las nueve.   6. ¿A qué hora comienza la clase?   7. Nosotros no queremos ir.   8. Nosotros preferimos ponche.   9. ¿Entiendes?   10. ¿Quieren Uds. ir al concierto?

E. 1. más bajo que / más alto que / el más alto / el más bajo   2. menor que / mayor que / la menor / la mayor / tan, como   3. mejor que / peor que / el mejor / el peor

F. 1. Yo tengo tantos libros como Roberto.
2. Nosotros trabajamos tanto como Ud. 3. El restaurante Azteca tiene tantas mesas como el restaurante Versailles. 4. Paquito toma tanta leche como Carlitos. 5. Ernesto bebe tanto café como Julia.

G. 1. mí / ti / Ud. / nosotros / ellos 2. mí / nosotros / Uds. / ti / él 3. -migo / ellas / -tigo / nosotras / Ud.

H. Crucigrama
HORIZONTAL: 2. menor 4. rico 5. enfermo(a) 6. joven 7. discos 12. llamar 13. cerveza 15. compañera 17. ocupado 19. tocadiscos 21. partido 22. cuándo 24. caballo 26. diversiones
VERTICAL: 1. morena 2. muchacho 3. bienvenida 8. cintas 9. magnífico 10. hermosa 11. bebida 14. nocturno 15. comienza 16. pelo 18. estatura 20. invitación 23. playa 25. ojos

I. 1. Los estudiantes están en la biblioteca. 2. Prefieren tener otras actividades. 3. Jorge tiene ganas de nadar (ir a nadar). 4. Lucía quiere estar en la playa. 5. Quiere estar con Daniel. 6. Sí, yo creo que Daniel es rico. 7. Graciela piensa ir a patinar. 8. Pablo tiene mucho sueño. 9. Quiere dormir. 10. Víctor quiere ir al estadio. 11. Quiere ver un partido de béisbol. 12. Piensa ir a una fiesta. 13. Comienza a las nueve. 14. Va a bailar.

Para leer: 1. Tú eres de San Juan, Puerto Rico. 2. Estela Ruiz es tu novia. 3. Ella es de Honduras. 4. Ella vive en San Juan. 5. Uds. piensan dar una fiesta de bienvenida. 6. Llega de México. 7. Llega el próximo jueves. 8. Sí, es una chica muy inteligente. 9. No, no es bonita pero es muy simpática. 10. No, es morena. Sus ojos son verdes. 11. Piensan llevar a Irma a la playa. 12. Los tres van a ir a un club nocturno.

Para escribir: *Answers will vary.*

Lección 6

A. 1. Tú puedes ir con ellos. 2. Yo vuelvo mañana. 3. Ellos no recuerdan el número. 4. ¿No encuentras las estampillas? 5. ¿Cuánto cuesta el libro? 6. Nosotros dormimos bien.

B. 1. Nosotros servimos café. 2. Yo no digo eso. 3. ¿Uds. piden información? 4. ¿Dónde consigue Teresa los sellos? 5. Nosotros seguimos al empleado. 6. ¿Qué dices tú?

C. 1. te llamo 2. lo pido 3. la llevamos 4. los (las) necesitamos 5. me conoce 6. los compro 7. nos llaman 8. voy, lo / lo voy

D. 1. puedes traerlas (las puedes traer) 2. Lo conozco 3. nos llevan 4. pueden llamarme (me pueden llamar) 5. te necesita 6. (Nosotros) Lo necesitamos

E. 1. Siempre van. (Van siempre.) 2. Yo lo quiero también. 3. Quiero té o (y) café. 4. Hay alguien aquí. 5. Tenemos algunos amigos venezolanos.

F. 1. Hace tres años que yo estudio español. 2. ¿Cuánto tiempo hace que tú no comes queso? 3. Hace dos horas que nosotros estamos en el banco. 4. Hace veinte minutos que ellos hablan con el empleado. 5. Hace dos semanas que ella no viene a clase.

G. 1. Hace dos meses que no los vemos. 2. Hace una semana que no te llamo. 3. Hace tres años que ella nos conoce. 4. Hace quince días que mi compañera de clase no me trae a la universidad. 5. Hace seis meses que (nosotros) lo tenemos. 6. Hace cinco días que no hablo con mi hermana.

H. Crucigrama
HORIZONTAL: 2. cheque 6. talonario 7. encuentra 8. gente 9. oficina 10. abren 13. ventanilla 15. interés 16. préstamo 19. manda 20. servirle 21. cola 22. diligencias 25. caja 28. aérea 29. solicitar 30. saldo
VERTICAL: 1. giro 3. estampilla 4. tarjeta 5. pedir 11. número 12. minutos 14. empleado 17. ahorros 18. cualquier 23. importa 24. salgo 25. cartas 26. ahorrar 27. sucursal

I. 1. Se llama Banco de Asunción. Está en la calle Palma. 2. No, no hay que pagar nada por las cuentas corrientes; son gratis. 3. Si abren su cuenta antes del 30 de marzo, no tienen que pagar durante los primeros seis meses. 4. No es necesario pagar por los cheques. 5. No hay que mantener un saldo mínimo. 6. Es posible llamar al banco las 24 horas al día, los 7 días de la semana. 7. Sí, es posible depositar dinero los sábados porque el banco abre los sábados. 8. Sí, el banco tiene sucursales. 9. No, no tienen que pagar por la llamada. 10. Requiere un depósito mínimo de 100.000 guaraníes.

Para leer: 1. Está en Asunción. 2. Abre a las nueve y cierra a las tres. 3. No, no puede ir porque el banco no abre los sábados. 4. Paga un interés del cinco por ciento. 5. No, no va a perder el interés. 6. Sí, es una buena idea porque paga un buen interés. 7. Sí, paga el tres por ciento. 8. Debe depositar un mínimo de quinientos mil guaraníes.

Para escribir: *Answers will vary.*

Lección 7

A. 2. _____, trabajaste, trabajó, _____, trabajaron   3. cerré, cerraste, _____, cerramos, cerraron   4. empecé, _____, empezó, empezamos, empezaron   5. llegué, llegaste, llegó, _____, llegaron   6. busqué, buscaste, buscó, buscamos, _____   8. bebí, bebiste, _____, bebimos, bebieron
9. _____, volviste, volvió, volvimos, volvieron   10. leí, leíste, _____, leímos, leyeron
11. _____, creíste, creyó, creímos, creyeron   13. escribí, _____, escribió, escribimos, escribieron   14. recibí, recibiste, recibió, _____, recibieron   15. abrí, abriste, _____, abrimos, abrieron

B. 1. Yo busqué el número.   2. Yo lo pagué.
3. Yo empecé a las seis.   4. ¿Ud. lo leyó?
5. Yo llegué temprano.   6. Yo toqué el piano.
7. Yo saqué el dinero.   8. Ellos no me creyeron.

C. —¿Adónde fuiste?
—Fui a la fiesta que dio Sergio.
—¿Susana fue contigo?
—No. Oye, ¿tú diste una fiesta el sábado?
—Yo di una fiesta, pero no fue el sábado.
—El doctor Vargas y la doctora Torres, ¿fueron a tu fiesta?
—Sí, ellos fueron mis profesores.

D. 1. me dice / decirme   2. le compré   3. le escribimos   4. nos hablan   5. darle   6. te digo   7. hablándoles   8. no le dieron   9. pagarle   10. les traigo

E. 1. No, yo no le mandé una corbata a mi papá.
2. No, mis padres no me dieron dinero.
3. No, el profesor no nos habló en inglés.
4. No, nosotros no te enviamos los zapatos.
5. No, yo no les compré botas a mis amigos.
6. No, yo no le di el vestido a Marisa.

F. 3. _____ gusta la blusa.   4. _____ gustan _____   5. Le gusta el vestido.   6. _____ gusta el (la) dependiente(a).   7. _____ _____ la tienda.   8. Les gusta trabajar y estudiar.   9. Me gusta esta camisa.   10. Le gusta ir de compras.   11. Nos gustan esas sandalias.

G. 1. A mis padres les gusta más jugar al tenis.
2. A mi hermano le gustan más los pantalones grises.   3. A mí me gusta más ir de compras los sábados.   4. ¿A ti te gustan más las botas blancas?   5. A nosotros nos gusta más salir temprano.   6. ¿A Uds. les gusta más la cartera roja?

H. 1. probarme   2. se baña   3. nos levantamos   4. vestirte   5. se afeitan   6. se sientan
7. se acostó Ud.   8. ponerse   9. prepararme
10. se mudaron   11. te despertaste   12. nos divertimos

I. Crucigrama
HORIZONTAL: 1. calzoncillo   3. bata
5. izquierda   6. calzo   7. año   8. zapatería
12. liquidación   14. vestirse   15. pantimedias   18. probador   20. aprietan
21. tamaño   23. descuento   25. sandalias
VERTICAL: 1. cabeza   2. estrecho   4. pasado
6. caballeros   7. abrigo   8. tarde
10. camisón   11. blusa   13. cartera
16. interior   17. combinación   18. pantalones   19. vestido   22. ayer   24. usar

J. 1. Se va a probar un vestido.   2. Sí, está en liquidación.   3. Da un descuento del cincuenta por ciento.   4. Le quiere comprar una camisa y una corbata.   5. Rosa quiere comprar ropa interior.   6. Lleva una cartera (un bolso).   7. Calza el número nueve.
8. No, no le van a quedar bien.   9. Le van a quedar chicos.   10. Sí, creo que las botas son de buena calidad.   11. No, no piensa comprar las botas.   12. Se llama La Elegancia.

Para leer: 1. Piensa levantarse temprano.   2. Va a bañarse, afeitarse y vestirse.   3. Quiere salir temprano para ir de compras.   4. No, no va a desayunar en su casa.   5. Quiere estar en la tienda a las ocho.   6. Quiere ir a la tienda La Época porque tienen una gran liquidación.   7. Va a comprar un traje, dos camisas, un pantalón y dos o tres corbatas.   8. Tiene que ir al departamento de señoras.   9. Quiere comprarle una blusa y una falda.   10. No le gusta nada.

Para escribir: *Answers will vary.*

Lección 8

A. 1. _____: traduje, tradujiste, _____, tradujimos, tradujeron   2. _____: traje, _____, trajo, trajimos, trajeron   3. tener: _____, tuviste, tuvo, tuvimos, _____
4. poner: puse, pusiste, _____, pusimos, _____   5. _____: supe, _____, supo, supimos, supieron   6. hacer: _____, hiciste, hizo, _____, hicieron   7. querer: quise, quisiste, _____, quisimos, _____
8. conducir: conduje, _____, condujo, _____, condujeron   9. _____: estuve, estuviste, _____, estuvimos, estuvieron   10. decir: _____, dijiste, dijo, _____, dijeron
11. poder: _____, _____, pudo, pudimos, pudieron   12. venir: vine, viniste, _____, vinimos, _____

B. 1. pude (quise) / tuve 2. trajeron / pusieron 3. viniste / dijiste 4. hizo 5. estuvo / quiso (pudo)

C. 2. _____ me lo das. 3. Yo _____ lo doy. 4. Nosotros se lo _____. 5. Ellos nos lo dan. 6. Yo se lo doy. 7. _____ se lo das.

D. 1. Mamá nos las compra. 2. Mamá te la compra. 3. Mamá se lo compra. 4. Mamá me los compra. 5. Mamá se lo compra. 6. Mamá se las compra.

E. 1. Sí, te lo traje. 2. Sí, nos los sirvieron. 3. Sí, se lo di. 4. Sí, me la compraron. 5. Sí, me la pidieron. 6. Sí, se las vendieron. 7. Sí, te la limpié. 8. Sí, nos la trajeron.

F. 1. Él sirvió carne. 2. Pidieron café. 3. ¿Consiguió Ud. el pescado? 4. Se durmió después de comer. 5. Murió ayer. 6. Sintió frío. 7. Siguieron hablando. 8. Rafael se divirtió mucho.

G. 1. Él vino a verme. Me pidió dinero y yo se lo di. 2. Los chicos se divirtieron mucho, pero después tuvieron que trabajar. 3. Ellos trajeron las cartas, las tradujeron y las pusieron en el escritorio. 4. Ella estuvo en la fiesta. ¿Qué hizo él? 5. Nosotros hicimos el café y ellos lo sirvieron. 6. Ella no pudo venir hoy, pero no les dijo nada. 7. Muchas personas murieron en accidentes. 8. Teresa no consiguió trabajo, pero siguió buscando.

H. 1. era/ vivía / iba 2. hablaban / sabían (querían) 3. Eran 4. quería 5. veíamos / jugábamos (hablábamos) 6. tenía / me levantaba 7. gustaba 8. venía

I. 1. frecuentemente 2. raramente 3. general-mente 4. lenta y claramente 5. reciente-mente

J. Crucigrama
HORIZONTAL: 2. cereal 3. mariscos 5. gambas 8. carnicería 9. papa 11. chuletas 13. mantequilla 15. gastaba 16. farmacia 18. huevos 22. detergente 23. azúcar 24. plátano 25. ají 26. perro 27. docena 28. tiempo
VERTICAL: 1. jabón 2. cebolla 4. comida 6. panadería 7. lechuga 10. apio 12. zanahoria 14. libre 17. anoche 19. vegetales 20. semana 21. durazno 26. pastel

K. 1. Se llama Liborio. Está en Los Ángeles. 2. Puedo comprar bananas, manzanas y naranjas. 3. Por una libra de bananas debo pagar 33 centavos. 4. Puedo comprar pollo y pavo asado. 5. En la pescadería puedo comprar sardinitas y debo pagar 99 centavos por cada libra. 6. Están rebajados los tomates, las zanahorias y las cebollas. Las zanahorias cuestan 99 centavos por cuatro libras, los tomates tres libras por 99 centavos y las cebollas seis libras por 99 centavos. 7. Duran siete días (una semana). 8. Están rebajados los bolillos mexicanos. 9. Aceptan MasterCard, Visa, American Express y Discover.

Para leer: 1. Invitó a comer a unos amigos. 2. Por la mañana fue al mercado. 3. La cena estuvo magnífica. 4. Sí, costó mucho dinero preparar la cena. 5. Para hacer la torta usó harina, leche, huevos, chocolate, mantequilla y azúcar. 6. Preparó una ensalada de frutas. 7. Le puso naranjas, uvas, peras, bananas y otras frutas. 8. Sí, puedo decirles dos ingredientes de la paella: pollo y mariscos. 9. Sabemos que la paella estuvo buena porque les gustó mucho a sus invitados. 10. Los amigos de Antonio trajeron el vino. 11. Fueron a ver un partido de básquetbol.

Para escribir: *Answers will vary.*

Lección 9

A. 1. (h) para 2. (d) por 3. (a) por 4. (c) por 5. (g) para 6. (j) para 7. (f) para 8. (e) por 9. (b) por 10. (i) para

B. 1. para Lucía. 2. por la ventana 3. por el pasaje 4. por teléfono 5. por la mañana 6. por el tráfico 7. por dos meses 8. por avión 9. para hablar con Ud. 10. para mañana

C. *Answers will vary. Possible answers:* 1. Llueve mucho. 2. Hace mucho frío. 3. Hace mucho calor. 4. Hace frío y hay niebla. 5. Hace mucho viento.

D. 1. (a) celebraron 2. (f–d) éramos / íbamos 3. (f) Eran 4. (a–a) fui/comí 5. (a–e) tomó / tenía 6. (g) querías 7. (c–a) iba / vi 8. (c) almorzaba 9. (h–h) Hacía / estaba 10. (b) dolió 11. (a) te divertiste 12. (c–a) estaba / llegó

E. 1. era niña / vivían 2. hablaba / le hablaban 3. Eran / llegó 4. me dijo / necesitaba 5. Hacía frío / yo salí

F. 1. Hace siete años que ellos vinieron a California. (Ellos vinieron a California hace siete años.) 2. Hace dos meses que nosotros celebramos nuestro aniversario. (Nosotros celebramos nuestro aniversario hace dos meses.) 3. Hace una hora que yo llegué al restaurante. (Yo llegué al restaurante hace una hora.) 4. Hace dos días que tú volviste de tus vacaciones. (Tú volviste de tus vacaciones hace dos días.) 5. Hace quince minutos que el camarero trajo la cuenta. (El camarero trajo la cuenta hace quince minutos.)

G. 1. los nuestros 2. la suya 3. las mías 4. el suyo 5. la tuya 6. el mío 7. la nuestra 8. los tuyos

H. Crucigrama
HORIZONTAL: 2. puré 4. vacaciones 6. platillos 7. chico 11. desayunar 13. especialidad 15. cuchara 16. servilletas 18. frío 19. mermelada 20. trozo
VERTICAL: 1. temprano 2. postre 3. riquísimo 5. pimienta 7. cumpleaños 8. pedido 9. campo 10. cuchillo 12. bodas 14. cocina 17. fritas

I. 1. Están en el restaurante La Preferida. 2. La especialidad de la casa es cordero asado. 3. Creo que es un restaurante caro. 4. No, no va a pedir la especialidad de la casa. 5. Prefiere comer biftec y langosta. 6. Quiere comer papa al horno. 7. Quiere comer pescado y ensalada. 8. Va a pedir pastel. 9. Toman vino. 10. Están celebrando su aniversario. 11. Creo que van a ir al teatro. 12. Creo que son ricos.

Para leer: 1. La capital de Colombia es Bogotá. 2. Es muy moderna, pero también tiene edificios coloniales. 3. Van a alquilar un apartamento. 4. Dijo que iba a mandarle un cheque. 5. Van a poder estar en Isla Margarita por dos o tres días. 6. No, porque comió muchísimo. 7. No, no volvieron hasta la madrugada. 8. Sí, nieva mucho en Denver. 9. Debe tomar el próximo avión a Bogotá. 10. Les manda saludos a los padres de Amanda.

Para escribir: *Answers will vary.*

Lección 10

A. 1. vendado 2. hablar 3. hecho 4. recibir 5. escrito 6. comer 7. muerto 8. decir 9. abierto 10. romper 11. vuelto 12. cerrar 13. puesto 14. beber 15. visto 16. leer

B. 1. pagado 2. roto 3. escritas 4. vendada 5. hechas 6. enyesada 7. abierta 8. muertos 9. dormida 10. cerrada

C. 1. Marisol se ha caído. 2. Se ha roto una pierna. 3. La han llevado al hospital en una ambulancia. 4 El médico la ha visto y le ha dicho que le van a hacer una radiografía. 5. La enfermera la ha llevado a la sala de rayos X. 6. Le han hecho una radiografía. 7. El médico le ha enyesado la pierna. 8. El médico le ha puesto una inyección para el dolor. 9. Nosotros la hemos llevado a su casa. 10. Yo he llamado a sus padres y les he dicho que Marisol quiere verlos.

D. 1. había tenido 2. habían traído 3. había dicho 4. habíamos dado 5. había puesto 6. habían vuelto 7. había torcido 8. habías usado

E. 1. Cuando yo llamé la ambulancia ya había venido. 2. Cuando ella tuvo el accidente nosotros ya habíamos pagado el seguro médico. 3. Cuando él llamó al médico tú ya habías ido al hospital. 4. Cuando la enfermera vino yo ya había salido del hospital. 5. Cuando yo llegué los niños ya se habían acostado.

F. 2. deje, dejen 3. _____, coman 4. beba, beban 6. abra, abran 8. ponga, pongan 10. atienda, atiendan 12. vuelva, vuelvan 14. sirva, sirvan 15. _____, vayan 16. sea, _____ 17. _____, estén

G. 1. véndela 2. úselas para caminar 3. no las tome por la noche 4. páguelo 5. désela al médico, no la deje en el escritorio 6. no se la ponga ahora 7. enyésela 8. pídalo para el lunes

H. Crucigrama
HORIZONTAL: 5. parezco 8. ambulancia 10. enyesar 11. autobús 12. roto 13. dedos 15. fractura 18. brazo 20. inyección 23. corazón 26. emergencia
VERTICAL: 1. cara 2. caminar 3. desmayarse 4. boca 6. parado 7. muletas 9. vendar 10. escalera 14. rayos 16. tobillo 17. radiografía 19. automóvil 21. espalda 22. rodilla 24. seguro 25. recetar 27. estómago

I. 1. Se llama Hospital San Lucas. 2. Está situado en la Avenida Valdivia No. 578. 3. Puede ver a varios especialistas: cirujanos, cardiólogos, pediatras, ortopédicos y ginecólogos. 4. Sí, porque tienen laboratorios y sala de rayos X. 5. Sí, puede ir porque el hospital tiene una sala de emergencia totalmente equipada. 6. Pueden transportarlo en una ambulancia. El hospital tiene servicio de ambulancias las 24 horas del día. 7. Sí, lo aceptan porque el hospital acepta todo tipo de seguros. 8. Sí, el hospital San Lucas tiene servicio de enfermeras a domicilio. 9. No, porque en el hospital hay un amplio espacio de estacionamiento. 10. Debe llamar al 67-75-89 o al 67-54-39.

Para leer: 1. Isabel le escribe a Marta. 2. No va a poder ir a la playa porque ayer tuvo un accidente. 3. Isabel se cayó en la escalera. 4. Se fracturó una pierna. 5. Isabel pensaba que sólo tenía torcido el tobillo. 6. La llevaron a la sala de rayos X. 7. Supo que tenía la pierna rota. 8. Va a tener que usar muletas. 9. Va a tener que usarlas por tres semanas. 10. Isabel espera ver a Marta pronto.

Para escribir: *Answers will vary.*

Lección 11

A. 2. espere, esperes, espere, esperemos, esperen
4. beba, bebas, beba, bebamos, beban
6. reciba, recibas, reciba, recibamos, reciban
7. _____, hagas, haga, hagamos, hagan
8. diga, _____, diga, digamos, digan
9. cierre, cierres, _____, cerremos, cierren
10. vuelva, vuelvas, vuelva, _____, vuelvan
11. sugiera, sugieras, sugiera, sugiramos, _____ 12. duerma, duermas, duerma, _____, duerman 13. sienta, sientas, sienta, sintamos, _____ 14. _____, comiences, comience, comencemos, comiencen
15. empiece, empieces, empiece, empecemos, empiecen 16. dé, _____, dé, demos, den
17. esté, estés, _____, estemos, estén
18. vaya, vayas, vaya, _____, vayan 19. sea, seas, sea, seamos, _____ 20. _____, sepas, sepa, sepamos, sepan

B. 2. Yo quiero que _____ aprendas.
3. _____ quieres que él salga. 4. Ella quiere que nosotros _____. 5. Nosotros queremos que _____ venga. 6. _____ quieren que ellos lean. 7. Ellos quieren que _____ se mejoren. 8. _____ quieren que nosotros estudiemos. 9. Ellos quieren que nosotros _____. 10. _____ quiere que nosotros durmamos. 11. Yo quiero que _____ esperes. 12. Ellas quieren que _____ comiencen (empiecen). 13. Ella quiere que él trabaje. 14. Nosotros queremos que ellas vayan.

C. 1. No quieren que nosotros le pongamos gotas. 2. Deseamos que ellos vayan a la sala de emergencia. 3. Dígale a él que pida la receta. 4. Te sugiero que traigas el jarabe. 5. Él quiere que ella sea su médica. 6. ¿Tú quieres que yo compre las pastillas? 7. Yo le aconsejo a Ud. que tome penicilina. 8. Papá sugiere que Uds. estén en el consultorio a las cinco.

D. 1. Temo que tenga pulmonía. 2. Me alegro de que no sean alérgicos a la penicilina. 3. Siento que tú tengas una infección en el oído. 4. Temo que tengamos que recetarles penicilina. 5. Espero que Elsa se sienta bien. 6. Esperan que María y yo podamos ir pronto. 7. Me alegro de que Ud. no tenga gripe. 8. Él espera que el doctor lo examine. 9. Temo que ellos no vuelvan pronto. 10. Esperan que yo les traiga las curitas.

E. 1. poder / compre 2. pueda 3. se mejore 4. recete 5. ir /vayan 6. esperes 7. poder / esté 8. compren

F. Crucigrama
HORIZONTAL: 3. jarabe 5. resfrío 6. pulmonía 8. fiebre 10. madrugada 12. vitamina 15. antibiótico 16. cardiólogo 19. caro 21. gotas 22. pediatra 25. receta
VERTICAL: 1. pronto 2. temer 4. grave 7. sedativo 9. mal 11. cirujano 13. antiácido 14. calmante 17. oculista 18. ojalá 20. garganta 23. embarazada 24. aspirinas

G. 1. Delia tiene catarro. 2. Delia tiene una temperatura de 102 grados. 3. Va a tener que tomar dos aspirinas. 4. No quiere que le ponga una inyección. 5. Le duele el oído. 6. Quiere que el médico le recete unas gotas para la nariz. 7. Creo que le va a recetar un antibiótico (penicilina). 8. Lo lleva a la sala de rayos X. 9. Le van a hacer una radiografía. 10. Sara está embarazada. 11. Es alérgica a la penicilina. 12. Le duele la cabeza. 13. Puede tomar aspirinas. No, no es alérgico a ninguna medicina. 14. Están en la sala de emergencia.

Para leer: 1. Se sintió muy mal toda la noche. 2. Le dolían los oídos y la cabeza. 3. Tomó dos aspirinas para la fiebre. 4. Porque todavía tiene fiebre. 5. Le dijo que tenía una infección en los oídos. 6. Porque tenía una infección. 7. No es alérgica a ninguna medicina. 8. Le recetó penicilina para la infección y unas gotas para el dolor de oídos. 9. Eran más de las ocho cuando Rosaura salió del consultorio del médico. 10. Las farmacias cierran a las ocho.

Para escribir: *Answers will vary.*

Lección 12

A. *Answers will vary. Likely responses:*
1. Vamos a un restaurante donde sirven comida mexicana. 2. ¿Hay algún restaurante donde sirvan comida mexicana? 3. Tengo una empleada que habla inglés. 4. Necesito un empleado que hable inglés. 5. Tengo una amiga que es de Cuba. 6. No conozco a nadie que sea de Chile.

B. 1. pueda / trabaja   2. salga / sale   3. tengan / tienen   4. incluya / incluyen   5. sea / son

C. 1. No, no hay nadie en mi familia que conozca Colombia.   2. Sí, conozco a dos chicas que son de México.   3. No, no hay nadie en la clase que sea de Perú.   4. No, yo tengo un empleado que habla español.   5. No, no hay nada que Ud. pueda hacer por mí.

D. 1. viaja / no viajes   2. come / no comas   3. escribe / no escribas   4. hazlo / no lo hagas   5. ven / no vengas   6. báñate / no te bañes   7. vístete / no te vistas   8. duérmete / no te duermas   9. ponlo / no lo pongas   10. ve / no vayas   11. sé / no seas   12. dámelas / no me las des   13. levántate / no te levantes   14. ten / no tengas   15. sal / no salgas   16. díselo / no se lo digas

E. Ve / tráeme / Pregunta / Ven / llama / Dile / le digas / haz / Ponle / le pongas

F. 1. a / a / a / a / a / en / a / de   2. a / de / de / de   3. en / de   4. a / a / en / a

G. Crucigrama
HORIZONTAL: 1. maletín   4. pasillo   7. pasaporte   9. semana   10. buen   11. agencia   12. aeropuerto   14. incluye   15. vuelta   17. acompañada   23. crucero   24. salida   25. irnos   27. asiento   28. veranear
VERTICAL: 1. muestra   2. viaje   3. comprobantes   5. llamada   6. visa   8. cancelar   9. subir   11. aerolíneas   13. pasaje   16. escala   18. pasajero   19. dentro   20. exceso   20. regla   22. lista   26. tarjeta

H. 1. Se llama APA.   2. Tiene un vuelo diario a Santo Domingo.   3. Tiene dos vuelos semanales a Puerto Plata.   4. El servicio que ofrece la compañía es de primera.   5. Reciben bebidas gratis y comida caliente.   6. Cuesta 181 dólares.   7. Debe llamar a su agente de viajes o a las oficinas de APA.   8. Para reservaciones debe llamar al 800-693-0007.

Para leer: 1. Son las más completas y baratas.   2. Nadie da mejores precios que Ameritur.   3. El pasaje en avión, el hotel y la transportación en España están incluidos en el precio de la excursión.   4. No, tiene varios tipos de excursiones: en primera clase y en clase turista.   5. Es más barato viajar entre semana.   6. Recibo un descuento de un cinco por ciento.   7. Ud. va a visitar Granada, Sevilla, Córdoba y la playa de Marbella.   8. Puede pedir informes a su agencia de viajes.   9. Debe llamar al teléfono 976-5409.

Para escribir: *Answers will vary.*

Lección 13

A. 1. No es verdad que deba desocupar el cuarto a las doce.   2. Creemos que ése es el precio.   3. No es cierto que el cuarto tenga aire acondicionado.   4. No creo que el baño tenga ducha y bañadera.   5. Es verdad que el hotel tiene servicio de habitación.   6. Es cierto que él está muerto.   7. No estoy seguro de que sirvan el desayuno en el cuarto.   8. Dudo que el precio incluya desayuno, almuerzo y cena.   9. Duda que nosotros podamos volver para agosto.   10. No es verdad que nosotros consigamos periódicos en español.

B. 1. Esta noche, cuando venga el dueño, me va a dar la llave.   2. Lo vamos a esperar hasta que llegue.   3. Mañana ella me va a servir el desayuno en cuanto llegue.   4. La semana próxima Roberto va a comprar los libros en cuanto reciba el dinero.   5. Esta noche ella me va a hablar en cuanto me vea.   6. Mañana Teresa se va a ir a su casa en cuanto termine.

C. 1. quieras / prefiera / deseen   2. llegue / vengan / salgas   3. pueda / los leamos / los tenga   4. me lleven / vengas / traiga

D. 1. es / sea   2. tiene / tenga   3. tenga   4. veas   5. llego   6. sirvan / está   7. llames   8. vamos   9. se despierten   10. llegamos

E. 1. Quedémonos por dos semanas.   2. Hospedémonos en el Hilton.   3. Hablemos con el dueño.   4. Comamos en el cuarto.   5. Pidámosela al gerente.   6. Dejémoslas en la caja de seguridad.   7. Acostémonos temprano.   8. Levantémonos tarde.   9. Vamos a la tienda.   10. Compremos ropa.

F. Crucigrama
HORIZONTAL: 1. calefacción   2. disponibles   6. precio   7. habitación   9. llave   11. mediodía   12. revistas   15. almuerzo   17. dueño   19. registro   20. seguridad   21. hospedar   23. ducha   24. acondicionado   25. mar
VERTICAL: 1. caliente   3. ocupada   4. matrimonial   5. hora   8. película   10. elevador   13. pronto   14. botones   16. comedor   18. desayuno   22. piscina

G. 1. Va a la agencia de viajes Turamérica.   2. Quiere viajar a Lima.   3. Quiere viajar el sábado.   4. Quiere un pasaje de ida y vuelta.   5. Reserva un asiento de ventanilla.   6. Reserva el asiento en la sección de no fumar.   7. Sí, incluye el hotel.   8. Héctor se hospeda en un hotel.   9. El cuarto tiene baño

privado con ducha. No tiene televisor.
10. Cobran doscientos cincuenta soles por
noche.   11. Va a estar dos semanas en Lima.
12. No, no tuvo que pagar exceso de equipaje.
Tiene solamente una maleta.

Para leer: 1. Sí, creo que está en la playa porque
tiene habitaciones con vista al mar.   2. No, no va
a tener calor porque las habitaciones tienen aire
acondicionado.   3. Cobran 3.200 pesos.
4. Debe pagar dos mil pesos.   5. Van a pagar
5.200 en total.   6. Sí, puede comerla en el hotel
Fiesta.   7. Sí, sirven comida internacional.   8. La
pensión Rivas es más barata.   9. Paga 3.000
pesos.   10. No tiene que pagar extra por las
comidas. El precio incluye todas las comidas.

Para escribir: *Answers will vary.*

Lección 14

A.   1. ayudaré, ayudarás, ayudará, ayudaremos,
ayudarán   2. _____, dirás, dirá, diremos, dirán
3. haré, _____, hará, haremos, harán
4. querré, querrás, _____, querremos, querrán
5. sabré, sabrás, sabrá, _____, sabrán
6. podré, podrás, podrá, podremos, _____
7. _____, saldrás, saldrá, saldremos, saldrán
8. pondré, _____, pondrá, pondremos,
pondrán   9. vendré, vendrás, _____,
vendremos, vendrán   10. tendré, tendrás,
tendrá _____, tendrán   11. iré, irás, irá,
iremos, _____

B.   1. Podrán cortar el césped mañana.   2. La
criada barrerá la cocina ahora.   3. Llevaré a
arreglar el coche este fin de semana.
4. Haremos una ensalada para el almuerzo.
5. Pondremos las flores en el florero.   6. Las
chicas vendrán con Ernesto.   7. Carlos saldrá
a las nueve.   8. Lo sabrás (Lo sabrá Ud.)
mañana.   9. No se lo diremos a nadie.
10. Iré a la playa el domingo.

C.   1. lavaría   2. ayudaría   3. pondrías
4. iríamos   5. pasaría   6. Podrían
7. sacarías   8. nos daríamos   9. abriría
10. sabrían

D.   1. Yo cortaría el césped mañana.   2. Tú irías
al taller de mecánica el sábado.   3. Ester
barrería el garaje.   4. Ellos plancharían hoy.
5. Nosotros saldríamos a las diez.   6. Ud.
pondría el dinero en el Banco Santander.
7. Uds. vendrían el sábado.

E.   1. se enamoró de / se casó con   2. insisten en
/ se dan cuenta de   3. comprometerte con /
alegrarse de   4. acordarte de   5. Me olvidé
de   6. no confiaba en él   7. entraron en
8. convinimos en

F. **Crucigrama**
HORIZONTAL: 1. cafetera   2. planchar
5. recogedor   6. fundas   8. refrigerador
11. darme   13. fregadero   16. funcionan
17. tintorería   21. basura   22. garaje
23. libre   24. licuadora   25. sartén
VERTICAL: 1. alcachofas   2. perro
3. mecánica   4. florero   7. ayudar
9. aspiradora   10. secadora   12. tocan
14. vinagre   15. horno   17. toalla
18. acordarse   19. cacerola   20. lavadora

G.   1. Puede llamar a Sirvientes por Hora.
2. Limpian la alfombra, los baños, la cocina,
las puertas, las ventanas, las cortinas y los
cristales.   3. Sacuden (*dust*) los muebles,
friegan la loza, lavan y planchan la ropa.
4. Sí, pueden ayudar a preparar las comidas
porque tienen cocineros expertos.   5. Debe
llamar por teléfono a Sirvientes por Hora.
6. Puede pagar por hora.   7. Debe llamar al
teléfono 234-5691.   8. Puede llamar de lunes
a sábado de 9 a 5.

Para leer: 1. No, no podrá verla porque la señora
Campos no vendrá hasta las cinco de la tarde.
2. Los fregará.   3. Sí, María trabajará en la cocina.
4. No, María no tendrá que lavarlo.   5. No, no las
limpiarán en seco.   6. No las planchará.   7. Los
niños estarán en su casa.   8. Sí, a la señora
Campos le gusta ponerle sal y pimienta a la
comida; quiere que María las ponga en la mesa.
9. No, María irá también al mercado.
10. Comprará pescado y vegetales.

Para escribir: *Answers will vary.*

Lección 15

A.   2. _____, cerraras, cerrara, cerráramos,
cerraran   3. volviera, volvieras, _____,
volviéramos, _____   4. pidiera, _____,
pidiera, pidiéramos, _____   5. durmiera,
durmieras, durmiera, _____, durmieran
6. fuera, fueras, _____, fuéramos, _____
7. diera, dieras, diera, _____, dieran
8. estuviera, estuvieras, _____, estuviéramos,
estuvieran   9. dijera, _____, dijera,
dijéramos, _____   10. viniera, vinieras,
_____, _____, vinieran   11. quisiera,
quisieras, _____, quisiéramos, quisieran
12. _____, fueras, fuera, fuéramos, _____,
13. tuviera, _____, tuviera, tuviéramos,
tuvieran   14. condujera, condujeras, _____,
condujéramos, _____   15. pusiera, _____,
pusiera, _____, pusieran   16. hiciera,
hicieras, hiciera, hiciéramos, _____
17. supiera, _____, supiera, supiéramos,
supieran

B. 1. Quería que fueras al mercado y compraras pan. 2. Me pidió que viniera y escribiera las cartas. 3. Nos aconsejó que tomáramos clases por la mañana y trabajáramos por la tarde. 4. Te sugerí que hicieras una ensalada. 5. Les dije que volvieran temprano. 6. Me gustaría que me hablaran en español. 7. No había nadie que lo supiera. 8. ¿Había alguien que pudiera ir con Uds.? 9. Yo no creía que Ana estuviera comprometida. 10. Yo dudaba que ellos fueran estudiantes. 11. Yo me alegré de que ella quisiera ir a México. 12. Temía que no pusieran el dinero en el banco.

C. 1. si yo fuera David 2. si tengo tiempo 3. si ellos las trajeran a la casa 4. como si lo supiera todo 5. Si tengo dinero 6. Si ellos (ellas) estuvieran aquí 7. Si pudiera conseguir (obtener) el trabajo 8. como si fuera rico 9. Si Uds. pintaran el apartamento 10. si se casan en junio

D. Crucigrama
HORIZONTAL: 3. estupendo 5. hermanastra 6. invitar 7. preocuparse 9. sevillana 10. bisabuela 11. serio 13. muebles 15. clasificados 18. parientes 19. bisnieto 20. piso 21. noche 22. regalos 23. sala 25. ventaja 26. ojo 27. cariño

VERTICAL: 1. padrastro 2. comprometidos 4. estacionamos 8. mismo 12. luna 14. elegimos 15. cortinas 16. subterráneo 17. encanta 24. alquila

E. 1. Lola y Gerardo están comprometidos para casarse. 2. A Gerardo le gustaría invitar a todos sus parientes. 3. No quiere dar una recepción porque va a costar mucho dinero (un ojo de la cara). 4. Necesita una mesita de noche, una lámpara y una cómoda. 5. Compraría cortinas. 6. Quiere que le traiga un regalo. 7. Piensa pintar su cuarto. 8. Va a pintarlo de azul. 9. Están sentados en el césped. 10. Creo que tienen el día libre. 11. Los frenos no funcionan. 12. Creo que tendrá que llevarlo al taller de mecánica.

Para leer: 1. La fecha de la boda es el 15 de junio. 2. Le encantaría que ella y Estela pudieran conversar. 3. Mandaron todas las invitaciones el mes pasado. 4. Esperaban que pudiera venir a la boda. 5. Les regalaron los muebles para el comedor. 6. Van a vivir en el piso de los abuelos de Marité. 7. Van a vivir allí hasta que los abuelos de Marité vuelvan de su viaje por Europa. 8. Si tuvieran más dinero, comprarían una casa. 9. Van a alquilar un piso en el centro. 10. Si él tiene vacaciones en septiembre, irán a ver a Estela.

Para escribir: *Answers will vary.*

Answers to Laboratory Manual Dictations

Lección preliminar

1. Buenas noches, José Luis. 2. Saludos a Lupe. 3. Nos vemos. 4. Hasta luego, Amelia. 5. Más despacio, por favor.

Lección 1

A. 1. 81 2. 14 3. 100 4. 97 5. 26 6. 18 7. 75 8. 15 9. 32 10. 69 11. 48 12. 11 13. 53 14. 13 15. 17

B. 1. ¿Cómo se llama Ud.? 2. El gusto es mío. 3. El escritorio es marrón. 4. Los alumnos son norteamericanos. 5. Hay seis estudiantes mexicanos.

Lección 2

A. 1. ¿Qué asignaturas toman Uds.? 2. Ana estudia en la biblioteca. 3. Nosotros trabajamos en el laboratorio de lenguas. 4. Necesito el horario de clases. 5. ¿A qué hora terminas hoy?

Lección 3

A. 1. 589 2. 322 3. 1.000 4. 796 5. 215 6. 937 7. 438 8. 143 9. 650 10. 4.112 11. 7.967 12. 13.871

B. 1. Yo vivo en la residencia universitaria. 2. ¿Cuánto debo pagar por cada unidad? 3. Corremos a las seis, como siempre. 4. La licencia para conducir es suficiente. 5. Hoy es el último día para pagar la matrícula.

Lección 4

1. Esta noche estamos invitados a ir al teatro. 2. Hoy ella va al cine con su novio. 3. Vamos a la piscina y después vamos al concierto. 4. Planean varias actividades para el fin de semana. 5. Tengo ganas de ver el juego de béisbol.

Lección 5

1. Luis da una fiesta de bienvenida. 2. ¿Tú vas a llevar tus cintas? 3. Elsa tiene pelo

negro y ojos castaños.   4. Es muy inteligente y muy simpática.   5. Están tocando una salsa.

Lección 6

1. Quiero mandar las cartas por vía aérea.
2. ¿Cuánto cuesta enviar un giro postal a México?   3. Está comprando estampillas y pidiendo información.   4. Alicia no encuentra el talonario de cheques.   5. Necesito estampillas para tres tarjetas postales.

Lección 7

1. La tienda tiene una gran liquidación hoy.
2. Necesito ropa interior y pantimedias.
3. Los zapatos me aprietan un poco, pero me gustan mucho.   4. Voy a probarme este vestido y esta falda.   5. Le damos un veinte por ciento de descuento.

Lección 8

1. Necesitamos mantequilla y azúcar.
2. Compramos lejía, detergente y jabón.
3. Tenemos que ir a la carnicería y a la pescadería.   4. Tuve que comprar zanahorias y cebollas.   5. La semana pasada gastamos mucho dinero.

Lección 9

1. Después de cenar, siguieron hablando un rato.   2. Ahora están en el café de un hotel internacional.   3. ¿Por qué no comes huevos con tocino o chorizo?   4. Yo no veía mucho a mi abuela porque ella vivía en el campo.
5. Víctor pagó la cuenta y le dejó una buena propina al mozo.

Lección 10

1. Él se cayó en la escalera de su casa.   2. La llevaron en una ambulancia.   3. Ella se ha torcido el tobillo.   4. Me duele la herida del brazo.   5. Vamos a tener que enyesarle la pierna.

Lección 11

1. Alicia se divirtió mucho ayer.   2. El farmacéutico le dio penicilina para la fiebre.
3. Elsa no está embarazada.   4. Hay una farmacia en la esquina.   5. Ella no se durmió hasta las dos de la madrugada.

Lección 12

1. Espero no tener que pagar exceso de equipaje.   2. En ese vuelo no tiene que transbordar.   3. Quiero que me reserve un asiento de ventanilla.   4. Le sugiero que vaya en ese vuelo.   5. No hay nadie que pueda irse de vacaciones ahora.

Lección 13

1. Primero dejemos tus joyas en la caja de seguridad del hotel.   2. Como no tienen reservación, hablan con el gerente para pedir una habitación.   3. Vamos a un restaurante y comamos algo antes de subir a la habitación.
4. Cuando vayamos a Mar del Plata, tratemos de encontrar otra pensión como ésta.
5. Queremos una habitación con baño privado, aire acondicionado y una cama doble.

Lección 14

1. Dame tu pantalón gris para mandarlo a la tintorería.   2. Corté el césped y limpié el refrigerador.   3. No laves ahora las toallas ni las sábanas.   4. Fíjate si tenemos alcachofas y espárragos.   5. Dame la escoba y el recogedor para limpiar el garaje.

Lección 15

1. Mis padres me dijeron que eligiéramos los muebles.   2. Yo preferiría un piso que tuviera terraza.   3. A lo mejor no nos cobraría el depósito de limpieza.   4. La ventaja es que no tenemos que conducir mucho porque estamos en el centro.   5. El apartamento tiene espacio para estacionar.

Answers to Video Activities

Lección 1

Preparación

Los lugares en México
la catedral cathedral; **la pirámide** pyramid; **el museo** museum; **las ruinas** ruins; **el convento** convent; **la mansión** mansion; **el hotel** hotel; **el teatro** theater

Circled words should include: la catedral, la pirámide, el museo, las ruinas, el convento, el hotel.

Comprensión

A. Las ciudades de México
1. la Ciudad de México   2. arqueológicas
3. los aztecas, los mayas   4. Guadalajara
5. mejor preservada   6. la catedral

B. ¿De dónde son?
Circled countries and cities should include: El Salvador, Panamá, Colombia, Perú, España, Paraguay, Ecuador, Quito, San Salvador, Madrid, Bogotá, Asunción, Ciudad de Panamá

Matched countries and cities are: El Salvador/San Salvador, Panamá/Ciudad de Panamá, Colombia/Bogotá, los Estados Unidos/El Paso, Perú/Lima, España/Madrid, Paraguay/Asunción, Uruguay/Montevideo, México/Ciudad de México, Ecuador/Quito

Ampliación

Otro país, otras culturas. *Answers will vary.*

Lección 2

Preparación

Las materias. *Answers will vary, but suggested answers include:*

Las materias: español, sociología, materia de diseño, fotografía en blanco y negro, computación, inglés, introducción a la comunicación, historia de México;

Las carreras: arquitectura, ciencias de la comunicación, medicina, administración hotelera, español, sociología

Comprensión

A. Los horarios de los estudiantes.
Orlando: 9:00/11:00
Luis: 7:00/4:00, 7:00/2:00
Ivonne: 7:00/2:00
José: 2:00/9:00, 2:00/6:00

B. ¿Con quién estudias?
1. solo   2. algunos compañeros de la escuela

3. sola   4. su casa, su cuarto   5. solo   6. en casa de un compañero   7. su escritorio

Ampliación

A. ¿Y dónde estudias tú? *Answers will vary.*

B. Diferencias y semejanzas. *Answers will vary.*

Lección 3

Preparación

San Antonio, ciudad de muchas culturas
española/España; alemana/Alemania; francesa/Francia; japonesa/Japón; china/China; tejana/los Estados Unidos; mexicana/México

Comprensión

De turista en San Antonio
1. culturas   2. el Paseo de Río   3. 1968   4. 5
5. la misión San Antonio de Valero   6. rodeo

Ampliación

Una visita a San Antonio. *Answers will vary.*

Lección 4

Preparación

¿Cómo es tu familia? *Answers will vary.*

Comprensión

A. ¿Verdadero o falso?
1. V   2. F; Los hispanos pasan mucho tiempo con sus familias.   3. V   4. F; Tamara tiene dos hermanas.   5. V   6. V   7. V   8. F; Carolina tiene un hermano y una hermana.

B. ¿Qué piensan hacer?
Rita—salir con mis amigos
Ivonne—estar en mi casa
Pedro—ir a la playa
Carolina—ir a la fiesta de los latinoamericanos
Héctor—estudiar
Tamara—salir a comer, ir a bailar a discotecas

Ampliación

A. Durante el fin de semana. *Answers will vary.*

B. Un árbol genealógico. *Answers will vary.*

Lección 5

Preparación

¿Qué saben Uds. de Puerto Rico? *Answers will vary.*

Comprensión

A. Si te interesa...

nadar / las playas de Puerto Rico
la arquitectura colonial / el Viejo San Juan
la historia española / el Viejo San Juan, el
   Castillo San Felipe del Morro
comer algo delicioso / un restaurante de
   comida puertorriqueña
visitar una fortaleza / el Castillo San Felipe del
   Morro
ver la ciudad / galerías, cafés, restaurantes,
   hoteles y plazas; el Parque de las Palomas
la ecología / El Yunque

B. ¿Verdadero o falso?

1. V   2. F; El Viejo San Juan tiene muchos
ejemplos de la arquitectura colonial en las
galerías, los cafés y restaurantes, hoteles y
plazas.   3. V   4. V   5. V   6. F; No hay
playas en el Viejo San Juan, pero hay muchas
playas por toda la isla de Puerto Rico.

Ampliación

Visita Puerto Rico, una isla extraordinaria.
Answers will vary.

Lección 6

Preparación

Preguntas personales. *Answers will vary.*

Comprensión

A. Mis diligencias

1. todos hacen las diligencias.   2. los
hermanos; la madre; el padre.   3. la casa.
4. en efectivo   5. no tener cheque; es más
fácil.

B. ¿Entiendes?

1. 8 años   2. le encanta   3. de lunes a
viernes   4. sábados   5. la venta de
estampillas, alquileres de apartados,
registrados

Ampliación

Una encuesta. *Answers will vary.*

Lección 7

Preparación

¿Qué saben Uds. ya? *Answers will vary.*

Comprensión

A. ¿Verdadero o falso?

1. F; Costa Rica no tiene ejército militar.   2. V
3. F; San José es la capital de Costa Rica.   4. V
5. V   6. F; Hay muchos parques nacionales

en Costa Rica   7. V   8. F; El quetzal es una
especie de pájaro.

B. Costa Rica

1. pequeño, democrático   2. importante
3. ciudad principal   4. playas, volcanes,
montañas, plantaciones cafetaleras
5. carretas   6. mariposas, plantas, especies

Ampliación

Una entrevista. *Answers will vary.*

Lección 8

Preparación

De compras para la comida.
Seen on video: las naranjas, la lechuga, el
queso, el chorizo, las manzanas, los plátanos
(los guineos), las papas, los huevos

Heard on video: las manzanas, los plátanos, las
naranjas

Comprensión

A. ¿Adónde voy para comprar...? *Answers will
vary. Places seen in the video may include:* la
carnicería, el mercado, el supermercado, la
frutería, la farmacia.

B. Prefiero ir de compras...

1. al supermercado   2. cada semana, los
viernes   3. muy poquito   4. se encuentra de
todo, el servicio es mejor, hay mejor calidad
5. 15 días   6. tiendas pequeñas

Ampliación

A. Mi lista de compras. *Answers will vary.*

B. Las compras en varios lugares. *Answers will
vary.*

Lección 9

Preparación

¿Qué van a ver? *Answers will vary.*

Comprensión

A. ¿Entiendes?

1. 6 millones   2. La Candelaria   3. Bolívar
4. 20 mil   5. precolombinas

B. ¿Cuál es la mejor respuesta?

los tejados / las casas coloniales
las torres / la Catedral
la cúpula / la Capilla del Sagrario
los campanarios / la Iglesia de San Ignacio
una colección de piezas precolombinas / el
   Museo del Oro
los modernos rascacielos / las Torres del Parque

Ampliación

Lo moderno y lo antiguo. *Answers will vary.*

Lección 10

Preparación

Expresiones útiles para una emergencia médica. *Answers will vary.*

Comprensión

A. ¿Cuál es la mejor respuesta?
1. Es médico y jefe de laboratorio   2. Tienen pocos recursos.   3. Hacen análisis.   4. los médicos y los alumnos de la facultad de medicina   5. gastrointestinales

B. Las partes del cuerpo
los problemas respiratorios / el pecho
los problemas gastrointestinales / el estómago
no fumar / la boca, el pecho
no tomar / la boca
la alimentación / el estómago
el aspecto psicológico / la cabeza
el exceso de peso / el cuerpo

Ampliación

A. Más preguntas. *Answers will vary.*

B. Para mantenerse... *Answers will vary.*

Lección 11

Preparación

¿Qué saben Uds. de geografía? *Answers will vary.*

Comprensión

A. ¿Verdadero o falso?
l. V   2. F; Pasa por Mitad del Mundo.   3. V
4. V   5. F; los guardias protegen el Palacio de Gobierno.   6. V   7. V

B. ¿Cuál es la mejor respuesta?
1. cero, cero, cero   2. Quito, Otavalo, Mitad del Mundo   3. la Catedral   4. uniformes tradicionales   5. la Independencia
6. tráfico   7. Otavalo

Ampliación

Lo indígena y lo colonial. *Answers will vary.*

Lección 12

Preparación

¿Viajas mucho? *Answers will vary.*

Comprensión

A. Muchos países
Countries visited: Argentina ($\times 2$), Bolivia, Brasil, Chile, Colombia ($\times 2$), Egipto, España, Estados Unidos ($\times 4$), Francia ($\times 2$), Grecia, Irlanda, Israel, Marruecos, México ($\times 3$), Paraguay, Perú, Portugal, República Dominicana ($\times 2$), Turquía, Uruguay, Venezuela

B. ¿Cuál es la mejor respuesta?
1. Es agente de viajes.   2. Son norteamericanos, canadienses, europeos, mexicanos y japoneses.   3. Hacen reservaciones de autobús, avión, cruceros, tours. Hay todo tipo de servicio.   4. Porque la mayoría de los turistas hablan inglés.   5. Para poder hacer una buena labor de venta.

Ampliación

Soy agente de viajes. *Answers will vary.*

Lección 13

Preparación

Las vacaciones. *Answers will vary.*

Comprensión

A. ¿Verdadero o falso?
1. F; La mayoría de los estudiantes entrevistados fueron a sus casas.   2. V   3. V   4. F; Zaida fue a Caracas, Venezuela, para visitar a su familia.   5. V   6. V   7. F; Carolina no sabe con quién va a viajar.   8. F; Los estudiantes entrevistados prefieren viajar en avión.

B. ¿Cuál es la mejor respuesta?
1. pasaron las vacaciones en su país
2. Buenos Aires   3. avión   4. España
5. Canadá y los Estados Unidos   6. el Medio Oriente

Ampliación

Mis planes para un viaje. *Answers will vary.*

Lección 14

Preparación

Temas para investigar. *Answers will vary.*

Comprensión

A. ¿Cuál es la mejor respuesta?
1. adoran Madrid   2. tomar un autobús o el metro   3. mundial   4. paella

B. Los monumentos de Madrid
una estación de tren: Puerta de Atocha
una fuente: Neptuno, Cibeles
un museo: Centro de Arte Reina Sofía, El Prado
una estación de metro: la Puerta del Sol
una estatua: Felipe IV, Cristóbal Colón
un parque: El Retiro
una plaza: la Puerta del Sol
Descriptions will vary.

Ampliación

Mi pueblo lo tiene todo... *Answers will vary.*

Lección 15

Preparación

¿Qué sabes de...? *Answers will vary.*

Comprensión

A. ¿Verdadero o falso?
1. F; La Catedral de Sevilla es el sitio turístico más popular de Sevilla.   2. V   3. F; El campanario de la Catedral de Sevilla se llama La Giralda.   4. F; El Alcázar es un palacio real, pero los reyes no viven allí ahora.   5. V   6. V   7. V   8. F; La Torre del Oro es un museo marítimo

B. ¿Ahora, qué sabes de...?
Answers will vary, but could include:
1. Fue construida en el siglo trece como puesto de observación; ahora es un museo marítimo.
2. Combina el baile, el cante, la guitarra, las palmas y la vibrante alma andaluza.
3. el campanario de la Catedral de Sevilla; es el símbolo de Sevilla.
4. Es el sitio turístico más popular de Sevilla.
5. fuentes, puentes, coches de caballos y reproducciones en cerámica
6. Son una parte importante de la vida sevillana.
7. "Quien no ha visto Sevilla, no ha visto maravilla."

Ampliación

Madrid y Sevilla. *Answers will vary.*